ANNALES POLITIQUES.

SECONDE PARTIE.

ANNALES POLITIQUES

DE

FEU MONSIEUR

CHARLES IRENÉE CASTEL,

Abbé de ST. PIERRE,

DE

L'ACADÉMIE FRANÇOISE.

SECONDE PARTIE.

LONDRES.

MDCCLVII.

ANNALES
POLITIQUES.

L E Roi Guillaume, qui voyoit tous les jours fa fanté diminuer, eût bien voulu être affuré que le Roi d'Efpagne, qui étoit auffi fort infirme, venant à manquer, l'Europe ne feroit point obligée à r'entrer en guerre pour le partage de la fucceffion d'Efpagne entre l'Empereur & la France. Son plan général étoit d'empêcher que ni le Roi de France ni l'Empereur ne devinffent trop puiffants par cette fucceffion ; ce qui feroit arrivé fi l'un ou l'autre l'avoit toute entiére : il vouloit pour la fureté des Souverains d'Europe conferver une efpèce d'équilibre de puiffance entre ces deux Souverains ja-

Y 4

loux

loux & ennemis : Ainſi il ſongea à faire agréer aux deux parties un projet de partage dans lequel tous les Prétendans puſſent être contens de la part que ce partage leur deſtineroit ; & afin de porter le Roi de France & l'Empereur à l'accepter, les Anglois & les Hollandois de-voient déclarer qu'ils prendroient parti contre celui des deux qui ne l'accepteroit pas.

Louis XIV. qui prévoyoit auſſi la mort du Roi d'Eſpagne très prochaine, ſongea à tenir ſes troupes en haleine, & à donner au Duc de Bourgogne ſon petit-fils une idée de la guer-re ; il fit pour cela aſſembler près de Compié-gne une armée de cinquante mille hommes, le tiers en Cavalerie : On y fit des marches, des fourages. On y donna une bataille feinte, & l'on fit enſuite un ſiége qui dura pluſieurs jours.

Tout le monde auroit approuvé cet amuſe-ment & ces exercices, ſi le Roi avoit défendu aux Officiers de faire aucunes dépenſes extraor-dinaires ; mais il leur en coûta trop pour ren-dre ce ſpectacle agréable aux Dames.

Il ne parut cette année aucun réglement ni pour diminuer les ſources des procès, ni pour ôter les péages ſur les ponts & ſur les rivié-

res,

res, ni pour faire réparer les mauvais chemins, ni pour faire ceſſer la mendicité, ni pour rendre les impôts proportionnés aux revenus des impoſables, ni pour faciliter, ni pour augmenter le commerce intérieur & extérieur, ni pour encourager les eſprits ſupérieurs à découvrir les moyens de perfectionner l'éducation & les autres parties innombrables de la police de l'Etat. Le Roi & les Miniſtres donnoient toute leur attention à trouver les moyens de faire bientôt la guerre avec ſupériorité, dès qu'ils ſeroient obligés de la faire à la mort du Roi d'Eſpagne Charles Second.

A N N E' E 1699.

L'Empereur de Turquie voyant que le Roi de France avoit fait ſa paix, & que l'Empereur d'Allemagne alloit fondre ſur lui avec toutes ſes forces, fit la ſienne de ſon côté à Carlowitz, & conſentit à une trève de vingt-cinq ans, où l'Empereur garda ſes conquêtes en Hongrie. Azof reſta aux Moſcovites, & les Turcs rendirent Kaminieck aux Polonois.

L'Empereur pouvoit ſe promettre encore pluſieurs conquêtes en Hongrie, mais comme il prévoyoit la mort prochaine du Roi d'Eſpagne,

il

il vouloit alors être sûr & en repos du côté de
la Hongrie.

Le Prince Electoral de Baviére, qui après
le Dauphin avoit le principal droit à la Couronne d'Espagne, mourut à six ans à Bruxel-
les auprès de l'Electeur son Pére, non sans
quelque soupçon de poison attribué à tort au
Conseil de Vienne.

Cette mort fit penser la Cour de France à
un nouveau projet de partage.

Le Chancelier Boucherat mourut. Sa place
fut donnée à Pontchartrain, & les Finances
qu'avoit Pontchartrain furent données à Chamillard, qui avoit beaucoup de droiture & de
désintéressement, mais beaucoup moins de capacité dans ces affaires que Pontchartrain, qui
prévoyant la fin prochaine de la paix, & qui
ayant éprouvé le terrible poids de la charge des
Finances durant la guerre, fut ravi d'en être
déchargé. Sa famille ressentit beaucoup de diminution dans son crédit, mais il préféra sa tranquillité, après laquelle il soupiroit depuis plusieurs années, à une plus grande élévation de
sa famille.

L'hérésie des Quiétistes, qui avoit fait beaucoup de bruit à Rome, où Molinos avoit été
con-

condamné quelques années auparavant, fit alors beaucoup plus de bruit en France, parce qu'avec quelques adouciſſemens elle fut ſoutenue par l'Archevêque de Cambrai Fénelon, homme de grande réputation pour l'eſprit & pour la vertu, mais qui donna cependant très imprudemment dans l'illuſion *de l'amour divin prétendu entiérement déſintéreſſé* ; je dis *prétendu*, parce qu'il y a toujours pour les Quiétiſtes même du plaiſir & un grand plaiſir à chercher à plaire à Dieu & à l'admirer ; or ce grand plaiſir, qui eſt l'amour même, eſt réellement un grand intérêt humain, parce que l'on ne peut jamais avoir un grand amour, un grand plaiſir à aimer Dieu, ſans ſouhaiter que ce plaiſir ſoit éternel en Paradis. Or n'eſt-ce pas toujours là un grand intérêt ? Donc un amour pur & entiérement déſintéreſſé eſt une pure chimère & totalement impoſſible.

Auſſi ces viſions que Fénelon avoit fait imprimer ſous le titre reſpectable de *Maximes des Saints*, furent-elles condamnées à Rome ; mais en homme vertueux il ſe ſoumit de bonne grace à ſa condamnation. Il défendit à ſes Diocéſains ſon propre livre comme contenant des propoſitions fauſſes & hérétiques, deſorte qu'il

ſe

se fit plus d'honneur par sa soumission qu'il n'avoit perdu de réputation par ses erreurs ; au reste je l'ai connu ; il avoit plus d'agrément que de solidité d'esprit.

Ses ennemis soutinrent que cette grande soumission fut l'effet de son habileté & de la crainte qu'il avoit d'être déposé d'un Archevêché de quarante mille écus de rente, & cela n'est pas absolument impossible ; mais enfin il faut convenir qu'il joua par merveilles le personnage d'homme soumis au Pape & converti de ses erreurs. Or il est difficile de si bien jouer quand on n'est pas intérieurement persuadé. Il est vrai que par cette soumission si entiére, il affligea fort son principal ennemi, qui avoit espéré qu'il ne se soumettroit pas, qu'il seroit déposé, & qu'il deviendroit Archevêque de Cambrai à sa place ; ainsi Fénelon qui prévoyoit l'orage, prépara si bien son Mandement de soumission, qu'il persuada tout le monde de la sincérité de sa soumission, excepté Bossuet à qui il fut bien aise de donner cette facheuse mortification d'être tous les jours témoin des grandes louanges que tous les François donnoient à ce Mandement de soumission.

A N-

A N N É E 1700.

Les nouvelles de la fanté du Roi d'Efpagne continuoient d'être mauvaifes ; ainfi les Miniftres de France continuoient à parler du nouveau projet de Traité de partage.

On propofoit par ce projet de donner à la France la Province de Guipufcoa, c'eft-à-dire Fontarabie, St. Sebaftien, & le Port du Paffage : la Lorraine par échange du Milanez ; & de donner les Royaumes de Naples & de Sicile au Duc d'Anjou fecond fils du Dauphin, avec Final, Piombino, Santo Stephano, Porto-Hercole, Orbitello, Telamone & Portolongone.

A l'égard du Royaume d'Efpagne, des Pays-Bas Efpagnols, de l'Amérique & du refte des Etats d'Efpagne, ce projet de partage les deftinoit à l'Archiduc Charles frére unique de l'Empereur Jofeph.

Mais les Grands d'Efpagne qui gouvernoient, craignoient toute efpéce de partage de leur Monarchie, & comme ils virent que pour la conferver dans fon entier, il étoit incomparablement plus fûr de la donner au Duc d'Anjou qu'à l'Archiduc, ils firent figner à Charles Second

cond Roi d'Efpagne, le teftament qui appelle à cette Couronne entiére Philippe V. Duc d'Anjou fecond fils du Dauphin & petit-fils du Roi Louis XIV.

La nouvelle de la mort & le teftament arrivérent à Fontainebleau, fur la fin d'Octobre; j'y étois alors. Le Roi fut très incertain s'il accepteroit le teftament pour fon fecond petit-fils, ou s'il s'en tiendroit au traité de partage que le Maréchal de Tallard avoit figné à Londres, & Mr. d'Avaux à la Haye avec les Hollandois.

Si le Roi Guillaume III. & les Hollandois avoit prévu le cas du teftament favorable au Roi Philippe V, ils auroient ftipulé dans le traité de partage que le Roi Louis XIV. en cas d'un pareil Teftament empêcheroit qu'il ne fût exécuté, & maintiendroit le Traité de Partage, & il y auroit alors confenti fans peine & n'auroit point été ébranlé par le teftament même.

Mais perfonne ne s'avifa de prévoir ce cas qui étoit pourtant aifé à prévoir. Or ce cas n'ayant point été prévu, le Dauphin contre fa coutume parla fi haut dans le Confeil, qu'il entraina facilement la pluralité des voix. Ainfi

le

le Chancelier de Pontchartrain & de Torcy qui foutenoient que le Roi devoit s'en tenir au traité de partage ne furent point écoutés, & le Roi fe rendit à la fin à l'avis du Dauphin.

Ainfi au fortir du Confeil, le Duc d'Anjou fut déclaré & reconnu Roi d'Efpagne par le Roi, par toute la Cour, & par l'Ambaffadeur d'Efpagne Caftel dos Rios, qui en fléchiffant un genou lui baifa la main.

Philippe V. nouveau Roi d'Efpagne dépêcha un Courier à l'Electeur de Baviére, avec affurance du titre de Gouverneur perpétuel des Pays - Bas qu'il gouvernoit déja, & promeffe d'une groffe penfion, tant pour lui, que pour fon fils ainé; comme l'Electeur étoit alors mécontent des Hollandois & de la Cour de Vienne, il fe déclara ouvertement & fans balancer pour le nouveau Roi d'Efpagne.

Le Roi Guillaume III. & les Hollandois crurent que le Roi Louis XIV. les avoit joués par ce traité de partage, tandis qu'il négocioit en Efpagne le teftament; mais ils étoient trompés; le teftament furprit le Roi Louis XIV. & même s'il avoit eu fureté d'avoir fans guerre ce qui lui avoit été promis par ce traité de partage, il s'y feroit tenu; mais voyant que

les

les Anglois & les Hollandois n'avoient jamais
pû faire accepter ce traité à Vienne, il comprit bien d'un côté qu'il ne pouvoit jamais fe
difpenfer d'avoir la guerre, & d'un autre côté
il foupçonna que le Roi Guillaume III. le trom-
poit, & qu'il feroit enforte, de concert avec
l'Empereur, que rien de ce partage ne refteroit
à la France.

Or dans la néceffité de recommencer la guerre, il choifit prudemment de la faire plutôt é-
tant en poffeffion de toute l'Efpagne, que de la
faire après avoir laiffé mettre l'Archiduc en poffeffion des Indes & du Continent de l'Efpagne ; & ce fut ce raifonnement fenfé qui détermina le Roi à l'acceptation du Teftament & à
foutenir la guerre.

Ce qui prouve que le foupçon du Roi Louis
XIV. étoit bien fondé, c'eft que dès que le
traité de partage fut connu du Parlement d'Angleterre, il y fut extrémement défaprouvé, &
quelques membres propoférent même d'attaquer
comme traîtres à la Patrie ceux qui avoient
donné confeil au Roi Guillaume de l'accepter.
Voici le raifonnement du Parlement d'Angleterre ; Nous avons fait la ligue d'Augsbourg,
& nous avons fait la guerre durant huit à
neuf

neuf ans à grands frais pour diminuer les forces d'un voiſin trop puiſſant, trop ambitieux
& trop peu fidelle à ſes traités, & vous aug-
mentez encor conſidérablement ſa grande puiſſance par votre traité de partage, de la Lorraine, du Royaume de Naples & de Sicile ,
d'un beau port en Eſpagne & de deux bonnes places, ſans avoir aucune ſureté que ſon
ambition ſoit fort diminuée, ni que ſa fidélité à l'obſervation de ſes promeſſes ſoit fort aug-
mentée.

Tout cela prouve que ſi le Roi en ſuivant
les avis du Cardinal Mazarin s'étoit fait à lui-
même à la mort de la Reine ſa mére en 1666.
une loi inviolable 1ᵉ. d'obſerver exactement
la renonciation de la Reine ſa femme portée
par le traité des Pyrenées de 1659. 2°. de
ne prendre jamais les armes, ſi ce n'étoit pour
obliger ſes voiſins conteſtans à prendre des
arbitres de leurs conteſtations & à conſerver
ainſi la paix entr'eux, en ſe déclarant pour celui
qui offriroit de s'en raporter à des arbitres; il
n'auroit trouvé en 1700. aucune réſiſtance dans
l'Europe à l'exécution du teſtament en faveur
du ſecond de ſes petits-fils.

C'eſt qu'alors il auroit été regardé par tous

ſes voiſins, non comme ennemi, ou comme pouvant le devenir, mais comme leur ami & comme le Pacificateur perpétuel de l'Europe. Or on ſouhaite plutôt que ſon ami, que le Protecteur de la Juſtice, que le Conſervateur des États Souverains dans leur entier, augmente en puiſſance, que l'on ne ſouhaite que ſa puiſſance diminue.

Le Roi d'Eſpagne arriva en Décembre à Madrid, & fut reconnu ſans aucune difficulté dans toute la Monarchie & aux Indes.

Cependant les Anglois, les Hollandois & l'Empereur, étant dans les anciens ſentimens qui leur avoient inſpiré de former la ligue d'Augsbourg, ſe préparoient à la guerre, & tâchoient de réünir les autres Puiſſances contre la France & contre l'Eſpagne.

L'Empereur d'Allemagne étoit devenu beaucoup plus fort par ſa paix avec l'Empereur de Turquie ; mais la France étoit auſſi devenue plus forte par ſa jonction avec l'Eſpagne ; ainſi la guerre paroiſſoit d'autant plus durable que les deux partis oppoſés paroiſſoient plus égaux en puiſſance ; mais comme ceux qui étoient alors dans le Miniſtére de France & dans le Miniſtére d'Eſpagne étoient alors peu capables

&

& peu laborieux, les affaires de ces deux Royaumes se ressentirent fort de cette foiblesse.

A N N E'E 1701.

Le Prince Eugène entra par le Trentin en Italie avec trente mille hommes de troupes Impériales, dans le dessein de pénétrer ou dans le Milanez, ou dans le Royaume de Naples, pour s'y établir, & pour en prendre possession. Le Maréchal de Catinat avec vingt-cinq mille hommes tâcha en vain de lui disputer les passages. Il entra malgré lui dans le Milanez & y prit des postes.

Monsieur le Duc de Savoye arriva à l'armée Françoise avec huit mille hommes de ses troupes & avec le titre de Généralissime. de France. On résolut alors de chasser les Impériaux de leurs postes, mais on les attaqua en vain dans Chiari. Les François y perdirent beaucoup de monde, & furent bien repoussés.

Ce fut là où les François commencérent à connoître que la Cour de France avoit fait une grande faute d'avoir donné le commandement général au Duc de Savoye contre le Prince Eugène son cousin, & à soupçonner qu'il

né-

négocioit un traité secret entr'eux pour chasser les François d'Italie.

Le Roi Guillaume III. & les Hollandois étoient à la vérité persuadés que le Roi de France n'avoit voulu que les amuser & les tromper par le traité de partage ; mais ce qui acheva de les déterminer à se liguer avec l'Empereur pour détroner le Roi d'Espagne, ce fut une démarche imprudente que fit le Roi Louis XIV. en reconnoissant le Prince de Galles pour Roi d'Angleterre apres la mort du Roi son Pére qui arriva alors ; ce qui étoit aller directement contre le dernier traité, dans lequel Louis XIV. avoit reconnu le Roi Guillaume III. pour Roi légitime d'Angleterre.

On dit que le Roi Guillaume & les Hollandois ne fussent pas entrés dans la Ligue, ou du moins qu'ils n'y fussent pas entrés si vivement, si le Roi eût différé cette reconnoissance au tems où il auroit eu à se plaindre des Anglois & des Hollandois, & peut-être se seroient-ils sans cela portés comme médiateurs à faire donner à l'Archiduc l'Italie & les Pays-bas, ce qui auroit été une autre sorte de partage qui n'auroit pas coûté à l'Europe douze ou treize ans d'une furieuse guerre, dans laquelle les deux

parties

partis ont dépensé plus de cent millions d'onces d'argent, & perdu plus de deux cent mille hommes, pour en venir enfin à ce même petit partage de la Monarchie d'Espagne, qui a été fait par le traité de Paix d'Utrecht; partage qui n'auroit rien coûté à aucune des parties par une pareille médiation.

Le Roi Guillaume piqué au vif n'eut pas de peine à perfuader aux Anglois de donner le même fecours que dans la guerre précedente, en leur montrant, que cette reconnoiffance d'un nouveau Roi d'Angleterre prouvoit que le Roi de France n'attendoit que l'occafion de leur donner un Roi Papifte, nourri dans les principes du defpotifme & dans la haine des Parlemens.

Il n'eut pas de peine à leur montrer qu'il n'y avoit de falut pour leur Gouvernement que la diminution des forces de la Maifon de France, puifqu'on ne pouvoit fe fier aux promeffes des François. Il leur fit efpérer que le Duc de Savoye & le Roi de Portugal fe joindroient à eux dès qu'ils paroitroient en état de les fecourir, & que la paix avec les Turcs rendoit à l'Empereur beaucoup plus de forces nouvelles que l'Efpagne n'en pouvoit ajou-

ter

ter à la France. D'un autre coté il leur fit envisager de nouvelles conquêtes en Amérique sur les Espagnols, pour les dédommager des frais de la guerre.

Ces considérations jointes à l'ancienne haine des Anglois contre la Nation Françoise, firent que le Parlement donna des subsides pour la guerre au-delà de ce que le Roi Guillaume eût jamais osé espérer; & tel fut l'effet de la reconnoissance du Roi Jaques III. pour Roi légitime d'Angleterre, reconnoissance qui ne lui apportoit aucun bien réel, qui lui nuisoit même beaucoup pour l'avenir, puisqu'elle alloit causer une guerre qui devoit ruiner son principal protecteur, & le mettre hors d'état de l'assister un jour efficacement.

Louis résista quelques jours à cette reconnoissance; mais les larmes de la Reine d'Angleterre, & les instances de Madame de Maintenon persuadée par ses larmes, furent si puissantes sur lui, & il fit alors si peu d'attention à l'effet que cette reconnoissance alloit faire sur l'esprit de la Nation Angloise, & du Roi Guillaume III. que dans une des plus importantes conjonctures de sa vie, il ne prit conseil que de ses sentimens de compassion, qui l'empêché-

chérent de prévoir les maux terribles qui en
devoient arriver au Roi, à la Nation Françoife, & par conféquent à la Reine d'Angleterre
& au Prince fon fils lui-même.

Dans l'adreffe de la Chambre Haute il eft
porté que le Roi Guillaume fera fupplié de ne
faire aucune paix avec la France, que Sa Majefté & la Nation Angloife n'euffent reçu du
Roi de France *une fatisfaction formelle de la
grande indignité & infulte qui leur avoit été
faite par le Roi des François, en reconnoiffant
& déclarant le Prince de Galles Roi d'Angleterre* : & le Parlement ordonna quarante
mille hommes de troupes de terre pour agir
contre la France.

Pour foutenir une guerre contre tant de fi
puiffants ennemis, il falut avoir de nouveau
recours à la capitation. Ainfi elle fut rétablie,
& un peu en meilleure forme que la premiére fois ; car on y obferva de taxer les corps
à une fomme, avec faculté à chaque corps de
repartir fur chaque membre la fomme qu'il en
devoit payer pour fa part par proportion à
fon revenu ; car dans ce nouvel Edit du mois
de Mars 1701. le mot de *revenu* y étoit
joint à *la dignité*, au lieu que dans l'Edit du

     pre-

premier établiſſement la taxe s'établiſſoit uniquement par proportion à la différence de *dignité*, & non par proportion à la différence du *revenu* de chaque membre d'un mème corps, ce qui étoit d'autant plus ridicule, que c'eſt le ſeul revenu qu'il faut taxer.

Je comprens bien que dans les Villes où il y a beaucoup de Corps de Juges, de Corps de Métiers, de Corps de Marchands, les membres peuvent connoître le revenu les uns des autres, ſans les obliger à une déclaration préciſe de leurs revenus annuels & de leurs dettes annuelles. Mais il reſte un inconvénient pour les Villes mèmes, c'eſt qu'il y a la moitié des habitans des Villes qui ne ſont dans aucun corps, & dont les revenus ne ſont point connus de leurs ſemblables, ſi ce n'eſt peut-ètre par leur dépenſe extérieure, qui eſt une eſpéce de déclaration aſſez équivoque; car les uns dépenſent beaucoup plus que leur revenu, les autres beaucoup moins.

C'eſt encore pis hors des Villes; car il n'y a point de corps dans les bourgs, & dans les campagnes. Or comment veut-on que l'Intendant puiſſe ètre ſûr de proportionner la taxe au

re-

revenu de l'impofable, fi cet impofable ne lui déclare pas fon revenu.

Mais le plus grand ineonvénient eft que tant qu'il n'y aura point de déclaration donnée par tous les fujets de leurs revenus annuels, le Confeil ne connoiffant point le revenu de chaque Corps ne fauroit avoir aucune fureté que les taxes des Corps foient proportionnées entr'elles, & de là naiffent néceffairement une infinité de difproportions & d'injuftices. Il en faut donc toujours revenir à la déclaration que chaque capitable donnera de fon revenu, & c'eft ce que le Clergé a ordonné depuis pour faire des repartitions proportionnées entre Diocèfe & Diocèfe, entre Bénéfice & Bénéfice du même Diocèfe.

Chamillard créa des augmentations de gages; Il créa des rentes fur les fermes; il fit une nouvelle refonte de la monnoye, & obligea tout le monde à porter la vaiffelle d'argent à la monnoye.

Mais en hauffant le prix de la monnoye par rapport à la valeur numeraire du mot de *livre*, les Marchands vendeurs augmentoient à proportion la valeur numeraire de leurs marchandifes; ainfi les revenus du Roi diminuoient réellement

lement de poids, tandis que les munitions de guerre & de bouche & les habillements des Troupes augmentoient de prix.

Les Etrangers profitèrent fur nous par differens endroits, & furtout en remarquant nôtre monnoye qui augmentoit de prix par ce remarquement. Ces changemens dans les monnoyes diminuoient beaucoup le Commerce, en augmentant de beaucoup la défiance des prêteurs.

On faifoit tous les jours des rembourfemens de rentes avec le tiers moins d'argent en poids que le débiteur n'en avoit reçu. Or j'ai démontré que toute augmentation du marc d'argent en livres tournois eft réellement un fubfide très fort, & que de tous les fubfides il eft de beaucoup le plus onereux pour l'Etat qu'aucun autre qui ait été mis en ufage jufqu'à préfent.

A N N E' E 1702.

L'année fe paffa en pleine guerre de tous côtés, en Flandre, en Allemagne, en Italie, en Efpagne, en Amérique, avec des fuccès divers, felon les divers talens des Généraux des deux partis.

Cette

Cette guerre paroiſſoit d'autant plus durable que les partis paroiſſoient plus égaux en forces, ſurtout depuis la mort du Roi Guillaume, qui, s'il eût vécu, eût rendu beaucoup plus tôt le parti de l'Empereur fort ſupérieur.

Ce Prince qui avoit beaucoup de talens pour le Gouvernement, ſe ſouvenoit toujours de la maniére mépriſante dont Louis XIV. l'avoit traité en 1672. Il ſe faiſoit un plaiſir de s'en venger, en lui faiſant ſentir qu'il n'étoit rien moins que mépriſable. Perſonne ne ſavoit mieux que lui mettre en œuvre les injures ou perſonnelles ou nationales que les voiſins de Louis en avoient reçues pour le faire craindre & haïr, & pour perſuader aux Souverains voiſins que c'étoit l'ennemi commun de l'Europe, le perturbateur perpétuel du repos public, & qu'il étoit tems d'arracher les dents au lion.

Ce Prince laiſſa l'Europe animée pour longtems contre Louis XIV. & contre la Nation Françoiſe, & ſurtout les Anglois. Il laiſſa parmi les Hollandois le Penſionnaire Heinſius ſa créature, qui avoit perſonnellement à ſe plaindre du traitement injurieux qu'il avoit reçu autrefois par ordre du Roi à Orange.

Le Prince Eugène de Savoye, qui ſe ſouve

venoit de fon côté d'avoir été méprifé en France dans fa jeuneffe par Louvois & par le Roi, étoit ravi de trouver en Italie occafion de lui faire fentir, qu'il n'étoit nullement méprifable, & qu'il valoit bien la peine d'etre employé dans le fervice de France, comme il l'avoit défiré. Ainfi il travailloit fortement & efficacement par diverfes promeffes à détacher le Duc de Savoye fon parent de nôtre Alliance, & il y réuffit.

Catinat ne fut pas longtems à s'appercevoir que le Duc ne procédoit pas avec droiture; mais Villeroy & Teffé plus faciles à tromper par des flatteries, le foutinrent dans l'efprit de Louis, jufqu'à ce qu'enfin la vérité fe fit connoître; & le Roi vit alors quelle faute il avoit faite de lui avoir confié le commandement de fes troupes contre l'avis de Catinat.

La Reine Anne, feconde fille du feu Roi Jaques fecond, fuccéda au Roi Guillaume, & fe laiffa facilement entrainer par le Parlement d'Angleterre à continuer la guerre aux deux Couronnes.

Churchil depuis Comte & Duc de Marlborough, jeune homme, grand, bien fait, courageux, d'un efprit fupérieur, eut la principale

part

part à fa confiance. Il fut fait Général des Troupes Angloifes ; c'étoit un emploi très lucratif, & il aimoit fort l'argent. C'étoit encore une raifon pour faire durer la guerre ; car les intérèts particuliers dans les perfonnes qui tiennent de près aux Rois décident fouvent des intérèts du Public.

Le Marquis de Villars Lieutenant Général qui fervoit fur le Rhin où commandoit M. de Catinat, propofa au Roi un projet pour paffer le Rhin à Huningue, & pour prêter la main à l'Electeur de Baviére qui faifoit une grande diverfion dans l'Empire. Louis renvoya ce projet à Mr. de Catinat à Strasbourg, avec ordre de l'exécuter s'il le trouvoit praticable, finon de le donner à exécuter au Marquis de Villars auteur du projet. Le Maréchal le trouva impraticable, & ne voulut point s'en charger ; ainfi il en donna le commandement au Marquis de Villars. Ce qui empècha le Maréchal de Catinat de s'en charger, c'eft qu'il avoit pris une trop grande idée de l'habileté du Prince Louis de Bade Général de l'Empire qui gardoit le Rhin, pour rifquer une pareille entreprife prefque fous fes yeux. Il faloit pour y réuffir une extrème célérité dans les troupes

&

& furtout dans le Général, & une grande paſ-
ſion de devenir Maréchal de France ; ainſi Villars ne dormit que deux ou trois heures par
jour en quinze jours. Il paſſa le Rhin & gagna
une bataille à l'orient de ce fleuve. Ce ſuccès
le fit alors Maréchal de France.

On vit preſque toutes les ſemaines des Edits
burſaux ſous différents prétextes : création de
rentes viagéres ; création de nobles ; création
de Chevaliers en Flandre ; création de nouvelles rentes ſur la Ville au denier ſeize ; création
de nouveaux Gages , &c.

L'Edit qui regarde l'établiſſement de la Caiſſe des Emprunts , ne ſubſiſte plus , parce qu'elle ceſſa de ſatisfaire à ſes engagemens : C'é-
toit une eſpèce de Banque , où celui qui avoit
de l'argent qu'il prévoyoit lui être inutile durant ſix mois , le portoit & en tiroit un intérêt. On lui donnoit un billet payable dans ſix
mois , dans lequel l'intérêt de ſix mois étoit
compris ; & comme on y avoit ſatisfait durant
quelques années avec exactitude , tout le monde y portoit ſon argent : la plupart au lieu d'en
retirer leur argent , l'y laiſſoient & prenoient
de nouveaux billets. Un pareil établiſſement
pourroit être utile & pourroit exiſter , 1°. ſi

le

le même Bureau prêtoit le même argent fur gages ou fur crédit à des emprunteurs, & à un intérêt un peu plus fort que l'intérêt que le Bureau payoit aux Prêteurs ; car alors l'intérêt & le principal que le Bureau recevroit d'une main des emprunteurs, il le rendroit de l'autre aux prêteurs avec un peu de profit pour lui, & cet établiſſement détruiroit les uſuriers. 2°. Il faudroit que le Bureau ne prêtat qu'à des marchands à proportion de leur crédit fondé fur leurs biens, fur leur habileté, fur leur œconomie, fur leur probité, & fur leur exactitude à tenir leurs promeſſes. Les prêteurs de la Caiſſe feroient fûrs qu'avec le profit que la Caiſſe feroit, elle payeroit facilement le capital & l'intérêt des prêteurs à jour nommé. 3°. Il faudroit que ce fût une Compagnie perpétuelle de Travailleurs, où perſonne ne fût reçu qu'aux trois quarts des voix par ſcrutin. Si l'on y recevoit des fainéans, des prodigues, des viſionnaires, des gens qui n'ont ni bonne foi, ni exactitude, ni expérience, des bâtiſſeurs, des acquereurs de maiſons, de terres, de rentes, des Joueurs, le crédit du Bureau s'anéantiroit bientôt. 4°. Il faudroit dans cette Compagnie, pour y entretenir l'émulation au travail & à la vertu, qu'il y

eût

eût plufieurs places plus honorables & plus lu-
cratives les unes que les autres, pour fix ans,
& éligibles au fcrutin.

S'il n'y a un reffort perpétuel, ceux qui
prennent le plus de peine, & qui travaillent
beaucoup plus utilement que les autres, tom-
beront bientôt dans la pareffe & dans la non-
chalance.

Il y eut un autre Edit pernicieux au fervice de l'Etat ; c'eft celui qui mit en vente au
plus offrant les emplois de Commiffaires de la
Marine, au lieu de choifir chaque Commiffai-
re par fcrutin entre trente Ecrivains principaux,
& l'Ecrivain principal entre trente Ecrivains fimples. Il faloit de même choifir les Commiffaires
généraux par fcrutin entre trente Commiffaires
particuliers, & choifir l'Intendant de Marine
par fcrutin entre les Commiffaires généraux.

Telle eft la méthode qui peut former un
Corps excellent de gens de plume dans la Marine ; mais en vérité il étoit entiérement contre l'intérêt de l'Etat d'introduire la vénalité
dans des emplois fi importans, & que l'on ne
pouvoit exercer avec fuccès que par un long
travail ; au lieu qu'il faloit y introduire l'émulation par la méthode du fcrutin, entre ceux
qui

qui auroient travaillé plufieurs années. Il eft certain que la méthode de vendre ces emplois fans examen fuffifant du mérite national, eft une méthode très pernicieufe.

A N N E' E   1703.

Le Roi fit cette année onze Maréchaux de France.

De Chamilli, bienfaifant, honorable dans fa dépenfe, mais fort inférieur pour l'efprit à fon frére ainé qui étoit mort.

Roze Livonien, excellent Officier de Cavalerie, homme de grand fens.

D'Uxelles, homme de plaifir, fin courtifan, médiocrement bon Citoyen.

De Tallard, efprit fin, très ambitieux, inquiet; il ne voyoit que de fort près, grand défaut pour un homme de guerre: Sa vuë étoit courte, mais fes vuës étoient longues: il étoit bon courtifan.

De Harcourt, excellent Officier, bon négociateur, peu courtifan, bon citoyen.

De Chateau-Renaud, médiocre efprit, mais courageux, entreprenant & heureux.

D'Etrées, homme d'efprit & d'humeur, fait

la Marine, mais non pas comme le Maréchal de Tourville la favoit.

De Vauban, excellent officier de guerre, furtout pour fortifier, & pour attaquer les Places; excellent citoyen, protecteur zélé des malheureux qui avoient du mérite.

De Teffé, excellent courtifan, poli, gracieux.

De Montrével, poli, galant, affaires dérangées.

De Marfin, ardent, généreux, vertueux, médiocre Général, dérangé dans fes affaires.

L'Electeur de Baviére s'étoit déclaré pour la France, & croyoit que les Princes & les villes d'Allemagne qui l'environnoient du côté de France accepteroient la neutralité comme moins coûteufe & moins dangereufe que la guerre; mais il fut trompé dans fes efpérances; ainfi en fe déclarant pour le Roi Philippe, il fut obligé d'agir en ennemi contre ceux qui ne vouloient point de neutralité. Il écrivoit qu'il alloit bientôt être accablé dans fon propre pays par les troupes Impériales fupérieures aux fiennes, s'il n'étoit fecouru par les troupes de France; mais il manquoit aux François un paffage commode fur le Rhin, tel qu'étoit le fort de Kehl,

qui

qui eft au bout du Pont de Strasbourg , &
l'on ne pouvoit jamais efpérer de le prendre
fous les yeux du fameux Prince de Bade , à
moins que de l'attaquer au milieu de l'hyver &
avant qu'il pût raffembler fes troupes.

C'eft ce qu'entreprit & ce qu'exécuta le Maréchal de Villars. Il raffembla fecrettement durant le mois de Décembre & le mois de Janvier tout ce qui lui étoit néceffaire : Il fit mar-
cher fes troupes , & avec une célérité qui lui
étoit particuliére , il fe trouva devant Kehl à
la fin de Février ; comme il avoit bien pris toutes fes mefures , l'artillerie fut fervie à merveilles , & il prit cette place en treize jours de
tranchée.

Cette conquête lui donna la facilité de communiquer avec l'Electeur & de faire enfemble
divers progrès ; mais comme dans la fuite il
ne put convenir de projet avec l'Electeur , il
demanda fon rapel à la Cour , & on lui donna
le Maréchal de Marfin pour fucceffeur.

La Cour de France fit une faute en n'en-
voyant pas auprès de Monfieur de Baviére un
négociateur du choix du Maréchal de Villars ,
qui eût entretenu entr'eux l'union , & fait
gouter à l'Electeur les avis du Maréchal.

A a 2

En

En général les événemens de la guerre, tant fur mer que fur terre, furent mipartis felon la capacité des Généraux & la fupériorité du nombre de Troupes, mais l'événement le plus fâcheux pour la maifon de France, fut la défertion du Duc de Savoye, auquel l'Empereur promit plus que ne lui promettoient les deux Rois de la maifon de France ; car il fe vendoit toujours au plus offrant : Il fut donc déclaré ennemi, & plût à Dieu que les deux Rois l'euffent regardé comme tel deux ans auparavant, ils n'auroient pas perdu l'Italie.

Il parut encor plus de créations d'Offices grands & petits que fous le Miniftére de Phélipeaux de Pontchartrain. Tout étoit à vendre pour faire de l'argent.

Cette année on fit au Parlement le 27ᵉ. Juin un Réglement pour le Collége d'Harcour, qui prouve que l'on devroit faire de femblables réglemens tous les dix ans pour chaque Collége, & cette commiffion devroit être donnée à deux Commiffaires du Bureau perpétuel, qui auroit les Colléges & l'éducation de la Jeuneffe dans fon département.

A N-

ANNÉE 1704.

Les affaires changérent bien de face en Allemagne, depuis que le Maréchal de Villars en fut forti; car Marlborough y paſſa avec le Prince Eugéne & plus de trente mille Anglois, ce qui obligea la France à y envoyer le Maréchal de Tallard avec plus de vingt-mille hommes au fecours de l'Electeur de Baviére. Les Impériaux remportérent une victoire complette & décifive à Hochftet. Le Maréchal de Talard fut pris avec vingt-fept bataillons prifonniers de guerre. Ce Maréchal y commit une faute confidérable en dégarniſſant trop fon corps de bataille pour fortifier fa droite. Marlborough qui avait des officiers dans un clocher voifin, en fut averti; il dégarnit fa droite & fortifia fon corps de bataille, & mit ainfi le nôtre en déſordre, & puis en déroute.

La raifon que dit le Maréchal pour fe juſtifier, c'eſt que l'on n'avoit jamais perdu de bataille par le centre d'une armée; mais on lui répondit: *Il eſt vrai, mais c'eſt que l'on ne s'étoit point encor avifé de dégarnir le centre.*

Une autre grande faute, c'eſt que les François pouvoient attendre deux jours fans combattre, & ils euſſent reçu un renfort de huit ou dix-mille hommes.

L'Electeur de Baviére & le Maréchal de Marſin eurent à leur gauche de l'avantage ſur l'aile droite des ennemis commandée par le Prince Eugéne ; mais voyant le reſte de l'armée en déroute, ils ſe retirérent promptement & repaſſérent le Rhin. L'Electeur retourna commander en Flandres, & laiſſa la Baviére à la diſcrétion des Impériaux vainqueurs. Tout cela vint de ce que l'Electeur n'eut pas aſſez de complaiſance & aſſez de confiance pour les conſeils & pour les projets du Maréchal de Villars ; & ce défaut de confiance venoit d'une autre petite ſource que l'on n'eût jamais devinée, c'eſt que M. de Torcy Miniſtre des Etrangers avoit mis auprès de l'Electeur comme Envoyé de France un nommé Ricouſſe, qui ne manquoit pas d'eſprit, mais qui croyoit en ſavoir plus que M. de Turenne dans la guerre, & plus que le Cardinal de Richelieu dans la Politique.

Le Maréchal de Villars malheureuſement ſe moqua de ſes airs importants, & traita ſes projets de chimériques ; & celui-ci piqué au vif par un pareil mépris s'en vengea avec le ſecours de ſes flatteries auprès de l'Electeur, en

donnant

donnant toujours le tort au Maréchal dans l'efprit de l'Electeur, & en lui infpirant inceffam-
ment de la jaloufie fur ce qui regardoit le
commandement : jufques-là l'Electeur fe confioit beaucoup au Maréchal, mais bientôt après
il arriva que prefque tous les matins l'Electeur après avoir conféré avec Ricouffe de ce
qu'il avoit réfolu le foir avec le Maréchal, lui
envoyoit dire le matin qu'il avoit changé d'a-
vis fur ce dont ils étoient convenus le foir.

Enfin ils fe brouillérent au point que Ricouffe vint à bout de faire fouhaiter au Maréchal d'être rappellé; ainfi Ricouffe fut par caf-
cade la caufe principale de cette malheureufe
cataftrophe de Hochftet, qui mit durant le refte de la guerre une fi grande fupériorité du
côté des ennemis, & qui eût enfin bouleverfé
la France & l'Efpagne, s'il n'étoit pas arrivé
des conjonctures favorables à ces deux Etats;
conjonctures qui vinrent d'une autre femblable petite caufe obfcure, & qui produifirent un
événement encor plus heureux pour la Maifon
de France, que cette fatale journée d'Hochftet
lui avoit été honteufe & préjudiciable. Cela
fait fouvenir de la fable de l'aigle & de l'ef-
carbot.

A a 4

Après

Après la bataille on vit les Allemands reprendre Landau , & la révolte des Cévennes si bien soutenue par l'argent de l'Angleterre & d'Hollande que la Cour se trouva obligée d'y envoyer le Maréchal de Villars , qui moitié par force , moitié par douceur & par négociation, termina cette revolte en peu de mois.

Mr. Le Comte de Toulouze Amiral , avec environ quarante-huit vaisseaux , donna une bataille navale contre les Anglois & les Hollandois , dans la Méditerranée vers Malaga sur les côtes d'Espagne, & demeura maître du champ de bataille. Les ennemis y perdirent beaucoup plus que la France , mais elle y perdit le Bailli de Lorraine Commandeur de Piéton : cette Commanderie fut donnée au Chevalier de Saint Pierre mon frére alors Lieutenant Général des vaisseaux de Malthe. Le Marquis de Bellisle-Erard Chef d'escadre , brave & excellent Officier, fut aussi tué à cette bataille ; il avoit épousé une de mes niéces.

Les Anglois avertis qu'il n'y avoit dans Gibraltar que cent Espagnols de garnison , débarquérent douze mille hommes, & prirent cette place assez facilement.

Stahremberg avec huit ou dix mille hommes

traverſa l'Italie malgré Mr. de Vendôme , & ſe joignit au Duc de Savoye ; mais Mr. de Vendôme attaqua & prit Verceil , & en fit démolir les fortifications.

La Cour créa encore huit Inſpecteurs généraux de marine, cent Commiſſaires aux claſſes & huit Commiſſaires aux vivres ; mais pareilles commiſſions entre les mains de gens qui n'ont d'autres vertus & d'autres talens que l'argent qu'ils ont pour les acheter, ſont très préjudiciables au ſervice du Roi & de l'Etat.

La Cour donna une déclaration très injuſte & très préjudiciable au public & au Commerce, elle portoit que les billets de monnoye qui perdoient douze ou quinze pour cent, ſeroient reçus dans tous les payemens pour argent comptant. Telle étoit la ſuite de la diſette d'argent, ou plutôt tel étoit l'effet du diſcrédit ; tel étoit le défaut de la circulation de l'argent. Deſmarets fut alors rappellé par Chamillard & déclaré Directeur des Finances : c'étoit un homme habile dont le Régent eût pû ſe ſervir dans la Régence, plus utilement que de Law. J'ai lû avec plaiſir ſon mémoire apologétique de ſon Miniſtére. Il n'eût jamais fait la faute de Law ſur la fabrique du trop grand nombre de

billets

billets de Banque au delà de ce qu'il y avoit d'argent effectif à la Banque. C'étoit l'effet de l'erreur où tombent ceux qui croyent que les Banques de Londres, d'Amſterdam, & les Compagnies des Indes, ont plus de billets ſur la place que d'argent dans leurs caiſſes, ou de marchandiſes, ou de billets de bons débiteurs.

Après la défaite du Roi de Suéde par le Czar à Pultava, Staniſlas Leczinski Roi de Pologne fut chaſſé de ce Royaume & ſe retira ſur les terres que le Roi de Suéde avoit en Alſace, & depuis il vint à Vciſſembourg. Sa fille unique eſt préſentement Reine de France & mére du Dauphin.

A N N E´ E 1705.

Comme le Roi de France & le Roi d'Eſpagne étoient preſque partout inférieurs en forces depuis la bataille d'Hochſtet, leurs Généraux avoient ordre de ſe tenir ſur la défenſive, de ne rien hazarder, & de tirer la guerre en longueur, pour être en état de profiter des conjonctures favorables que le tems pourroit amener pour défunir & gagner quelqu'un des Alliés, & pour affoiblir cette formidable alliance.

Les Alliés au contraire craignant entr'eux

la défunion cherchoient avec empreffement tou-tes les occafions de profiter promtement de leur fupériorité. Marlborough cherchoit à com-battre pour pouvoir entrer en France par la Lorraine & par la Champagne, qui eft le côté le moins fortifié de la France. Il vouloit éta-blir des contributions & vendre des fauve-gar-des jufqu'à Paris : car il aimoit fort à vendre de telles marchandifes.

Pour en venir à bout il devoit de bonne heure fe mettre en campagne & entrer en Champagne avec le Marquis de Bade qui de-voit fe joindre pour affiéger Metz.

Villars fut choifi par le Roi pour l'oppofer à Marlborough, qui étoit alors l'ennemi le plus à craindre & dont le projet étoit le plus dangereux pour la France.

Villars alla dès le mois de Mars reconnoître les meilleurs poftes de toute cette contrée, pour trouver un camp qui fût tel que d'un côté les ennemis fuffent obligés de le forcer, s'ils vou-loient entrer en campagne, & faire fuivre leurs vivres, leur artillerie & leur convoi avec fu-reté, & qui de l'autre pût tellement être forti-fié en un mois de tems que les ennemis ne puffent efpérer de l'attaquer avec fuccès.

Il

Il en trouva un vers Sirck, il s'y établit &
s'y fortifia, avant que Marlborough pût l'en
empêcher ; & effectivement Marlborough le
trouva si bien campé, & son camp si bien fortifié, qu'il n'osa l'attaquer ; & alors ayant changé de projet, il retourna du côté de Liége en
se plaignant de la lenteur du Marquis de Bade Général des troupes de l'Empire ; mais il
devoit savoir que les Colonels de ces troupes
Allemandes aiment à faire durer leurs quartiers
d'hyver le plus qu'ils peuvent, & à l'envi les
uns des autres.

L'Empereur Léopold mourut, mais sa mort
n'apporta presque aucun changement aux affaires générales. Joseph son fils aîné fut reconnu
Empereur ; & comme les Alliés étoient unis
par la haine & par la crainte commune qu'ils
avoient de la puissance & du caractère de Louis
XIV, qu'ils s'étoient formée comme d'un voi-
sin injuste qui gouverné en partie par Louvois
veut toujours fortement s'aggrandir aux dépens de ses voisins, & qui ne se trouve jamais
lié par ses traités, leur but étoit de l'affoiblir
tellement qu'ils pussent désormais se fier à ses
promesses, lorsqu'il n'auroit plus le pouvoir
d'y manquer.

Nous

Nous avions quelque fupériorité en Italie fur les ennemis, mais depuis la conquête qu'ils firent de Barcelone & du refte de la Catalogne, ils avoient la même fupériorité en Efpagne; & comme les Officiers François qui étoient en Italie & en Efpagne ne pouvoient pas revenir en France faire leurs recruës, Chamillard qui étoit chargé du Miniftére de la Guerre, & du Miniftére des Finances faifoit lever les recruës dans les provinces par Paroiffes, & en envoyoit communément tous les ans quatre ou cinq mille en Efpagne & dix-fept ou dix-huit mille en Italie. C'eft ainfi que la France s'épuifoit d'hommes & d'argent, & cela parce que Louis, par le confeil de Louvois, avoit abufé en 1667. injuftement de fes forces au préjudice de fes traités, au lieu de fe faire arbitre & pacificateur des différends des autres Souverains d'Europe.

Je fai bien qu'il avoit quelquefois des prétextes pour prétendre qu'il n'alloit pas contre fes traités; mais je ne fais fi lui-même il fe croyoit exact obfervateur de fes promeffes envers fes voifins; ce que je fai bien, c'eft que fi quelques voifins avec pareils prétextes n'euffent pas mieux obfervé envers lui leurs promeffes, il les auroit fans aucune difficulté condamnés

d'in-

d'injuftice ; car qu'y a-t-il de plus injufte
que de vouloir que les autres exécutent exactement & de bonne foi les promeffes qu'ils nous
ont faites dans les traités , & de ne vouloir
pas exécuter exactement & de bonne foi celles
que nous leur avons faites.

On trouva en Poitou près de Vijan & de
l'Ifle Jourdain , des pierres de mine, où il y
avoit de l'argent, mais ce que l'on en tiroit
d'argent ne valoit pas les frais.

Il n'eft pas vraifemblable que dans la grande
étendue des terres qui dépendent de la Monarchie de France depuis fept ou huit degrés de
la ligne , dans divers Continens en Amérique,
en Afrique , & en Europe, il ne fe trouvat pas
plufieurs mines d'or & d'argent ; mais pour les
trouver il faudroit une dépenfe annuelle d'une
efpèce de Régiments compofés de connoiffeurs
en mines, de fondeurs, qui auroient le double
de leur paye quand ils feroient en chemin ou
employés dans les mines; bien entendu que
ceux qui auroient plus de peine feroient payés
à proportion de leurs peines, & que tous auroient l'efpérance du quadruple de paye, s'ils
trouvoient de bonnes mines.

Il faudroit avoir différens mineurs Efpagnols,
gens

gens intelligens, pour fervir d'Officiers. En dix ans de travail & d'expérience, les François en fauroient bientôt autant que les Efpagnols d'Amérique.

Nous avons des connoiffances de mines d'or en Afrique dans des montagnes à deux cent lieuës de la mer : Nous avons des connoiffances de mines d'argent à la Louifiane à deux cent lieuës de la mer en remontant une riviére qui fe jette dans le Miffiffipi à l'Occident ; c'eft au Gouvernement à envoyer en ces pays là deux ou trois Compagnies de ce Régiment des mines, qui raporteroient plus à l'Etat que pareil nombre de Compagnies de mineurs.

Tout le monde fait combien les Portugais fe font enrichis depuis quelques années par la découverte d'une mine d'or qu'ils firent vers 1714. dans le Brefil à deux cent lieuës de la mer.

Il parut un Edit de révocation du privilége d'exemption de taille : comme ces fortes de priviléges font fort à charge à l'Etat, il ne faut pas les rendre perpétuels, il faut les revoquer à la paix, & donner aux intéreffés des dédommagements moins onéreux à l'Etat que les priviléges qui font autant de fentes par lefquelles

s'és'écoulent les revenus de l'Etat; il eſt même de la nature des fentes, de s'aggrandir avec le tems : les priviléges ſont des ſources de fraudes.

Par Arrêt du Conſeil du 8ᵉ Novembre les priviléges d'exemption de ſubſides ſur les terres, & fermiers, ou cenſiers des Chevaliers de Malthe, furent confirmés à l'occaſion de quelques nouvelles taxes impoſées ſur des fermiers ou cenſiers de la Commanderie de Piéton en Flandre près de Valenciennes, qui appartenoit au Commandeur de Saint Pierre mon frére, qui commandoit alors l'Eſcadre des vaiſſeaux de Malthe contre les Algériens, & contre les autres Corſaires Mahométans.

Le Roi par des Commiſſaires nommés de ſa part & de la part de l'Ordre pourroit eſtimer ce que ces Priviléges produiſent à l'Ordre, leur en donner un équivalent au profit du commun tréſor, & revoquer ces exemptions. L'Ordre des Chevaliers de Malthe y gagneroit de ſon côté, & le Roi y gagneroit auſſi du ſien.

Le Roi unit la Chambre des Comptes avec la Cour des Aides de Rouen, & plût à Dieu qu'il unit auſſi les Eaux & Forêts, les Juſtices Seigneuriales, les Elections, les Greniers à ſel aux Juſtices Royales, auxquels il faudroit joindre

dre

dre le droit de Préſidialité ; la Juſtice y ſeroit mieux rendue ; il y auroit dans les Officiers plus de reſpect les uns pour les autres , plus de décence, plus d'émulation, plus de travail, & moins de procès ſur les compétences.

Les Recrues pour l'Italie & pour l'Eſpagne montèrent cette année à vingt-ſix mille neuf cents hommes. Ces climats chauds & l'ignorance de la maniére de s'y nourrir & de s'y gouverner contre la chaleur, contre le ſerein, contre les vins de ces Pays, faiſoient mourir grand nombre de ſoldats.

Il y eut grande quantité d'Edits & d'Arrêts du Conſeil de Finances qui donnoient un beau champ aux Traitans pour vexer le Peuple & pour s'enrichir à ſes dépens par une infinité de petits traités particuliers dont le Roi ne tiroit pas pour l'ordinaire la moitié de ce que payoit le peuple.

A N N E´ E 1706.

Le Roi au lieu d'oppoſer Villars à Marlborough en Flandres, n'y oppoſa que Villeroi, habile Courtiſan, protégé à la vérité par Madame de Maintenon, mais mal - habile Général. Auſſi Villeroi fut - il entiérement défait à Ramillies par Marlborough; & comme cette défaite arriva au commencement de la campagne, les ennemis eurent le loifir d'attaquer & de prendre un grand nombre de Places en Flandres, c'eft-à-dire prefque toutes les Places du Roi d'Efpagne, & même Menin qui étoit à la France.

Villars en Alface, quoiqu'inférieur en forces au Prince Louis de Bade, ne laiffa pas d'y faire quelques progrès, & de l'obliger à repaffer le Rhin.

Villeroi fut rappellé. Mr. de Vendôme fut envoyé à fa place en Flandres, & Mr. le Duc d'Orléans envoyé en Italie à la place de Mr. de Vendôme. Le Maréchal de Marfin commandoit fous Mr. le Duc d'Orléans; il avoit le fecret & les inftructions du Roi. J'entendis alors d'habiles Guerriers qui difoient qu'il valoit bien mieux y renvoyer Catinat; mais Chamillard vouloit faire La Feuillade fon gendre Maréchal de France. Faut-il que des intérêts particuliers de famille foient préférés au falut de l'Etat?

Marfin étoit brave & vertueux, mais petit efprit, & peu de reffources dans les occafions, bon en fecond, médiocre en premier; auffi fit-il une faute décifive au fiége de Turin : Mr. le Duc d'Orléans & prefque tous les officiers

Généraux opinoient a fortir des lignes qui environnoient Turin dont La Feuillade faifoit le fiége. Ce Prince vouloit mettre l'armée en bataille pour s'oppofer à celle que commandoit le Duc de Savoye & le Prince Eugéne fon coufin ; Marfin foutint opiniâtrement qu'il falloit attendre les ennemis dans les lignes. L'avis de Mr. le Duc d'Orléans, qui trouvoit ces lignes mauvaifes, alloit l'emporter, lorfque Marfin tira de fa poche l'ordre précis du Roi. Il fallut fe rendre à cet ordre imprudent donné à deux cent lieuës de là contre les connoiffances que les Officiers avoient par leurs yeux. Les François fe tinrent donc dans leurs lignes, quoique très mauvaifes en plufieurs endroits ; auffi les ennemis y entrérent - ils bientôt en les attaquant par colomnes ; le défordre s'y mit, & les François furent entiérement défaits, & de cette défaite s'enfuivit la perte de Cafal, de Mantoue, du Milanès, du Royaume de Naples & du refte de l'Italie.

Marfin y mourut de fes bleffures, & nous prouva par le mauvais fuccès de l'avis qu'il avoit foutenu, que le parti fupérieur en troupes doit toujours attaquer en bataille rangée & ne jamais demeurer fur la défenfive dans des lignes médiocrement bonnes.

B b 2

Le

Le Roi Philippe avec les troupes de France rentra dans Madrid & commença à reprendre courage; mais il falloit chaffer l'Archiduc de Barcelone, & reprendre quantité de Places qu'il avoit prifes: projet difficile.

Ce fut dans ce tems - là que l'Electeur de Baviére fit de la part des Rois alliés quelques propofitions générales de paix aux Hollandois & aux autres alliés; mais Marlborough qui vouloit faire durer la guerre, les fit rejetter a-vec hauteur en difant; *Que n'y ayant aucune fureté avec un Prince qui foule aux pieds les traités, il faloit lui ôter fes Places & fes forces, fi l'on vouloit refter avec quelque fureté dans fon voifinage.*

Nouveaux Edits, nouvelles déclarations, nou-veaux arrèts du Confeil pour tirer de l'argent, mais toujours uniquement par le fecours des Traitans, qui gagnoient exceffivement fur le Roi, & par conféquent fur le Peuple.

Un Docteur de Sorbonne nommé Mortier, homme de bien, mais fanatique, fit impri-mer un livre qui fut auffi-tôt fupprimé par Arrêt du Parlement. Il foutenoit que l'on pou-voit & mème que l'on devoit fe fervir du fe-cret de la Confeffion des valets, des fervan-tes,

tes, des femmes des filles, & même les interroger fur ce qu'ils favent de tous les commerces d'amour, de toutes les familles de leur voifinage, afin d'en donner avis aux maris, aux péres, aux méres, aux Magiftrats, à la Cour, *& le tout pour la plus grande gloire de Dieu.* Voilà jufqu'où conduit le fanatifme des petits efprits qui ne favent ce que c'eft que l'effentiel de la Religion,

A N N E´ E 1707.

Les Impériaux achevérent de conquerir ce qui reftoit au Roi d'Efpagne en Italie; & puis fous le commandement du Duc de Savoye & du Prince Eugéne fon coufin, ils firent une invafion en Provence, dans le deffein de fe faifir de Toulon avec le fecours de la flotte des Anglois & des Hollandois; mais ayant rencontré dans cette entreprife plus d'obftacles qu'ils ne croyoient, ils repafférent en Italie.

En Efpagne Mr. le Duc d'Orléans, après la victoire d'Almanza, reprit tous les poftes que les Impériaux avoient pris, & même Lérida place fameufe par fes fortifications. Le Comte de Villars frére du Maréchal, Chef d'Efcadre & depuis Lieutenant général des Armées de terre, reprit l'Ifle de Minorque & le Port Mahon.

Les Efcadres particuliéres que formoient les François avec des vaiffeaux bons voiliers, prirent beaucoup de Marchands Anglois & Hollandois malgré leurs vaiffeaux d'efcorte.

Le Maréchal de Villars avoit dans l'hyver propofé au Roi d'entrer de bonne heure en Allemagne par le pont de Strasbourg, & de forcer les lignes des Allemans à Stolhofen, de faire vivre l'armée aux dépens des Princes d'Allemagne, & de les obliger par cette expédition à retirer toutes leurs troupes de Flandre où elles étoient fous le commandement de Milord Marlborough, qui avoit en troupes une grande fupériorité fur Mr. de Vendôme. Ce projet fut fuivi & réuffit malgré les difficultés qui avoient été prévuës, & Mr. De Vendôme de fon côté, qui avoit ordre de fe tenir fur la défenfive & d'éviter le combat, fit fi bien, qu'en changeant & rechangeant de Camp, il ne fe paffa rien de confidérable en Flandres.

Le Maréchal de Vauban mourut à foixante & quinze ans. Il avoit demandé à faire le

fiége

fiége de Turin fous les ordres du Duc de la Feuillade qui n'étoit que Lieutenant Général, & perfonne ne doute qu'il n'eût pris cette Place longtems avant que le Prince Eugéne pût arriver pour la fecourir; mais malheureufement La Feuillade, gendre du Miniftre de la Guerre & des Finances, fut préféré à Vauban pour ce fiége, & cette préference pour l'intérêt de fon gendre caufa la perte d'une infinité de troupes & de tous les Etats que le Roi d'Efpagne poffédoit en Italie.

Ce grand Homme dans fa retraite ne ceffoit en bon citoyen de penfer aux divers moyens politiques de diminuer les maux & d'augmenter les biens de fa Nation. Je l'ai vû longtems occupé du projet de la dixme Royale, qui malgré un grand inconvénient étoit encore préférable à la taille arbitraire & repartie arbitrairement par les Collecteurs injuftes: Le projet de taille tarifiée eft le meilleur de tous. Les preuves font les effais que l'on a faits avec fuccès dans diverfes Provinces.

Il y eut abondance de bled en France; ainfi il y eut permiffion d'en faire fortir; mais à dire le vrai cette permiffion vint un peu tard. La raifon c'eft que le Confeil ignoroit 1°. quelle quantité il en faut pour la confommation ordinaire des habitans. 2°. Combien il y a d'habitans à nourrir dans chaque Généralité. 3°. Combien dans chaque Généralité on a recueilli de gerbes de tout bled. 4°. Combien il faut de gerbes pour fournir un feptier ou cinq boiffeaux, pefant environ deux-cents cinquante livres, ou la charge d'un cheval ; ce qu'il feroit facile au Confeil de favoir dans le mois de Janvier, s'il y avoit un bureau dans la Capitale chargé de faire cette information par le moyen des Curés, des Intendans & de leurs Subdélégués. 5°. Ce Confeil fauroit par ce moyen combien de feptiers de froment, de fèves &c. il doit faire fortir. J'en ai parlé dans le traité pour éviter la famine.

Beaucoup de gens avoient cru jufqu'alors que ceux qui avoient des rentes fonciéres à prendre fur des biens faifis en décret, n'étoient point obligés de faire d'oppofition au décret pour la continuation de leurs rentes ; mais par arrêt du Parlement de Paris du 16. Février 1707. il fut jugé que l'adjudicataire n'en feroit point chargé, faute au créancier d'avoir fait fon oppofition au Greffe. Si cet arrêt eft jufte, on devroit en faire un Réglement

ment

ment par un Edit enrégiftré dans toutes les Jurifdictions, afin que tout le monde en fût averti, ce qui devroit être déja fait.

Il y eut un Réglement pour les Ecoles de Médecine de Paris, & à cette occafion je dirai qu'il feroit à propos qu'il y eût dans la Capitale une Académie de Médecine, qui pour les obfervations des maladies & des remèdes eût correfpondance avec les Médecins des Provinces. Faire foutenir des Thèfes eft une façon de connoître la capacité d'un fujet, mais c'eft un moyen couteux & fort équivoque : il y a un moyen plus fur & moins couteux. J'en ai parlé dans le projet pour perfectionner la Médecine.

Il y eut un contrat avec le Clergé pour payer fa part des fubfides. J'avoue que je ne vois pas de raifons folides pour faire des contrats avec le Clergé, tandis qu'il ne s'en fait point avec la Noblefse. Eft-ce que les Eccléfiaftiques ne font pas également fujets, & également obligés aux taxes pour foutenir l'Etat, que les Gentilshommes & les Officiers de guerre & de Magiftrature ? Pour moi, quoique du corps du Clergé, j'efpére que l'on bannira un jour cette diftinction injufte & odieufe.

Il fe trouvoit pour cent foixante treize mil-

lions

lions de livres en billets de monnoye. On avoit forcé les Créanciers à les recevoir en payement pour un tiers , & les deux tiers en argent, quoiqu'ils perdiſſent un tiers ſur l'argent , & l'argent avoit été augmenté à un nombre de livres tournois preſque double. Deſorte que le Créancier qui avoit prêté quatre cent marcs d'argent en conſtitution de rentes, n'en retiroit qu'environ deux cent dans le rembourſement de ſa rente, ce qui étoit très injuſte.

C'eſt une mauvaiſe adminiſtration des finances, quand le Conſeil repartit le ſubſide d'une maniére extrémement diſproportionnée. Or dans cette occaſion les ſujets ſages & prudens qui ne devoient rien , & qui par leur bonne œconomie n'avoient point de créanciers , mais ſeulement des débiteurs , portoient ſeuls la perte ſur les billets de monnoye , & ſur les monnoyes mêmes.

A N N E' E 1708.

Le Prince de Dannemarc, mari de la Reine Anne, mourut à Londres; génie médiocre; il ne ſe mèloit d'aucune affaire.

Le Roi Jaques III. ou le Prince Prétendant, ayant des intelligences dans Edimbourg , y tenta

tenta une defcente ; mais d'un côté ne voyant point les fignaux convenus du côté de la Ville, & de l'autre étant pourfuivi par une flotte très fupérieure d'Anglois & d'Hollandois , il regagna Dunkerque & ne perdit qu'un vaiffeau. On croit que les Anglois par de doubles efpions l'avoient fait donner dans le panneau , & effectivement il s'en fallut peu que le Prince Prétendant, la flotte de Dunkerque & les troupes de débarquement, ne fuffent tous enlevés.

Chamillard las du Miniftére des Finances , ne voyant plus de reffources pour continuer la guerre, demanda Defmarets pour fon fucceffeur, & l'obtint. Il garda feulement le Miniftére de la guerre, dans lequel il avoit envie d'établir fon fils, & puis fortir du Miniftére.

Defmarets avoit plus de génie & plus d'ambition ; mais il trouva les Finances en fi mauvais état, qu'il ne fongeoit qu'à foutenir le gouvernement, jufqu'à ce qu'il fe préfentat quelque ouverture pour la paix qu'il défiroit encore plus que Torcy fon coufin Miniftre des Affaires Etrangères. Il prit la réfolution de fe foutenir par les Traitans, en leur donnant encore plus à gagner que fes Prédéceffeurs, dans l'efpéranpérance de leur faire rendre un jour une partie de leurs brigandages. Il n'a pas laiſſé de grands biens dans ſa famille.

Les ennemis ſupérieurs en Flandres prirent Lille & Gand ; comme ils étoient ſupérieurs ſur mer, ils prirent la Sardaigne & le Port Mahon.

Il ne ſe paſſa rien de conſidérable du côté du Rhin, non plus qu'en Savoye, où Villars fort inférieur en forces faiſoit beaucoup en empêchant le Duc de Savoye fort ſupérieur d'entreprendre rien d'important.

En Eſpagne Mr. le Duc d'Orléans prit Tortoſe, Denia, Alicante &c. mais on prévoyoit aiſément que les ennemis dans deux ou trois Campagnes entreroient en Picardie, ſi quelque événement imprévû n'arrètoit pas le cours des conquêtes de Marlborough & du Prince Eugéne du côté de Flandres.

Deſmarets pour trouver de l'argent ſuivit les mèmes traces qu'avoient ſuivi Colbert, Pelletier, Pontchartrain & Chamillard : création de nouveaux offices, augmentations de gages, création de rentes &c.

Il y eut cette année neuf mille ſept cent hommes de recrue pour les armées d'Eſpagne.

A n-

A N N E'E 1709.

Le Roi étoit accablé d'inquiétudes, & quand il fongeoit d'un côté que fes Guerres commencées en 1667. & en 1672. & que la prife de Luxembourg & de Strasbourg en 1684. avoient donné à l'Europe une idée de lui comme d'un Prince qui vouloit tromper tous fes voifins par des promeffes, & envahir toute l'Europe, & qu'ainfi il ne vouloit plus compter pour rien fes promeffes, & que de l'autre ils étoient fi fupérieurs en forces, qu'en deux ou trois ans, s'ils fe tenoient bien unis, ils pourroient aller jufqu'à Verfailles, fans avoir déformais aucunes places fortes à leur oppofer; il fe repentoit fort de l'opinion qu'il leur avoit donné occafion de prendre de fon caractére ambitieux, & craignoit avec fondement que fi la guerre continuoit, les alliés ne lui laiffaffent pas même par un traité la France en l'état qu'elle étoit par le traité des Pirenées de 1659. offre qu'ils lui faifoient actuellement s'il vouloit traiter. Il envoya alors le Préfident Rouillé à la Haye pour leur faire quelques propofitions d'accommodement.

De leur côté les Anglois, & furtout les Hollandois, commençoient à fe laffer de la guerre, parce qu'ils payoient plus de la moitié des frais,

fans

fans autre récompenfe de ces frais que d'acquérir plus de fureté contre un voifin ambitieux
& très puiffant. Ainfi les Hollandois le reçurent avec joye, mais les Miniftres de l'Empereur le reçurent très froidement, & difoient
tout haut, que cet Envoyé venoit les amufer,
afin de retarder les conquêtes des Alliés.

Marlborough furtout, qui avoit un très
grand intérèt à la continuation de la guerre,
apuyoit fort les Impériaux qui avoient les plus
grands intérêts aux fuccès de la guerre. Ainfi
on lui fit entendre qu'il étoit à propos qu'il
vint un homme encore plus autorifé de la
part de Louis XIV, & qu'il fit des propofitions plus précifes. Alors le Roi envoya Torcy Sécretaire d'Etat des affaires étrangéres.

Mais les Alliés firent des propofitions fi ex-
horbitantes à Torcy, qu'il ne put leur répondre.
La négociation fut rompue ; il revint à Verfailles , & au mois de Juin la guerre recommença.

Le Roi oppofa enfin Villars au Prince Eugéne , & à Marlborough : il fe donna une bataille à Malplaquet : Villars bleffé & hors de
combat, fon armée fut battue, mais non pas
défaite ; les François fe retirérent, & les Alliés
fupérieurs prirent Tournay & enfuite Mons.

Il n'y eut rien de confidérable en Allemagne, ni en Savoye, parce qu'aucun des Partis n'étoit fupérieur, & parce que le Roi ne vouloit rien hazarder, afin d'attendre du tems quelque conjonéture favorable pour reparler de paix avec plus de fuccès.

Mr. le Prince & Mr. le Prince de Conti fon coufin germain, tous deux de la branche de France Bourbon, moururent. Mr. le Prince de Conti étoit aimable dans la converfation. Il avoit même des talens pour la guerre ; mais le Roi ne s'y confioit pas affez pour lui donner une armée à commander, cependant le Public auroit défiré que le Roi l'eût employé.

Chamillard qui avoit eu une efpéce d'attaque d'apopléxie, ufé de veilles & d'inquiétudes, demanda à quitter fon Miniftére de la guerre ; ainfi le Roi nomma à fa place Voifin pour Sécretaire d'Etat de la guerre à la recommandation de Madame de Maintenon qui aimoit fa femme, & qui avoit pris Voifin pour adminif- trateur du Temporel de fon Collége de Saint Cyr. Il étoit laborieux, mais je n'ai pas ouï dire que ce fût un efprit fupérieur.

Fagon premier Médecin du Roi, homme d'efprit, qui étoit en faveur auprès de Madame

me de Maintenon, obtint & réünit à fa charge l'Office de Surintendant des eaux minérales.
J'ai ouï dire que cela lui rapportoit dix ou douze mille livres par an, mais que cette Surin-
tendance devroit être donnée à un corps, tel
que feroit l'Académie de Médecine, pour fub-
venir aux frais néceffaires, pour entretenir les
correfpondances & les expériences néceffaires
pour perfectionner la Médecine & la Chirurgie.

La famine avoit augmenté confidérablement
le nombre des pauvres à Paris. On ordonna
que les Propriétaires & les Locataires des maifons payeroient pour cette année par moitié
une taxe égale à la taxe des bouës & lanter-
nes, ce qui me parut un Réglement très fage
& très fenfé.

A N N É E 1710.

La naiffance du Roi Louis XV. qui régne
aujourdhui, arriva le 15e. Février, dans le tems
où la France & l'Efpagne attaquées de tous côtés avec fupériorité étoient prètes à fuccomber.

L'armée des ennemis commandée par le Prince Eugéne & par le Duc de Marlborough, étoit
de cent quarante mille hommes, & fort fupérieure à l'armée de France commandée par le
Maré-

Maréchal Duc de Villars ; avec cette supériorité ils prirent Douai, Aire, Saint-Venant, & Béthune.

Les Conférences de Gertrudenberg pour la paix n'eurent aucun succès. Les ennemis refusèrent des conditions très avantageuses qu'ils regrettérent dans la suite.

Le succès des armes fut fort varié en Espagne ; le Roi fut obligé de quitter Madrid à l'Archiduc , & l'Archiduc obligé de le quitter au Roi Philippe , & Staremberg forcé à se retirer en Catalogne, après qu'il eut perdu Brihuega.

Il ne se passa rien de considérable ni du côté de l'Allemagne, ni du côté de la Savoye.

Le Roi, qui ne pouvoit pas résister longtems à une si grande supériorité , établit le subside du dixiéme sur tous les revenus des terres, afin de se soutenir assez longtems pour lasser ses ennemis ; & à dire le vrai, les ennemis commencérent à juger qu'avec un pareil secours il pourroit se défendre plus longtems qu'ils ne pourroient l'attaquer avec leur supériorité présente ; ainsi ils commencérent à se repentir de n'avoir pas accepté les propositions faites à Gertrudenberg.

Ann. Polit. II. part.   C c   II

Il eſt dit dans la déclaration pour l'établiſſement du dixiéme, que chacun ſera tenu de donner ſa déclaration, & il y a la peine du quadruple contre celui qui la donnera fauſſe, preuve
que l'on pourroit établir les déclarations parmi
les taillables comme parmi les capitables. Les déclarations des revenus ont été depuis établies
parmi le Clergé. Or cette méthode de déclarations, pourvû que le dixiéme fût demandé non
à chaque famille, mais à chaque Communauté
compoſée de diverſes familles, remédieroit parfaitement à toutes les diſproportions de la taille
qui viennent du défaut de connoiſſance du revenu de chaque taillable, comme je l'ai montré dans un mémoire imprimé.

Une autre raiſon pour ôter la Capitation, &
pour conſerver le dixiéme, c'eſt qu'il eût été
très important de conſerver un pied du dixiéme,
par exemple, le quinziéme, le dix-huitiéme, le
vingtiéme, le cinquantiéme, pour faire des rem-
bourſemens & pour être toujours en état d'augmenter ce ſubſide ſi proportionné, quand on
ſeroit prêt d'entrer en guerre, & le diminuer à
la paix.

De cette maniére le recouvrement de ce ſubſide ſe feroit perfeĉtionné de jour en jour ſur
tous

tous les fujets du Roi, ce qui n'eft pas un objet de petite importance.

A N N E'E 1711.

La mort du premier Dauphin n'aporta aucun changement fenfible ni dans le Confeil ni
dans les affaires publiques. Il ne fe mêloit de
rien, quoiqu'il eût cinquante ans. Il étoit bon,
indulgent, patient, très refpectueux pour le
Roi, grand chaffeur, peu d'intelligence, & peu
d'application pour les affaires, doux, égal,
homme d'habitude, point capricieux, aimant
la bonne chére, parlant peu, incapable de dé-
bauches, fans aucune ambition; il avoit tout
le bon & tout le mauvais de la pareffe.

C'eût été un voifin fort tranquille; il n'eût
jamais fait la guerre de 1667. contre l'Efpagne,
ni celle de 1672. contre les Hollandois; ni
par conféquent celle de 1684; ainfi fes voifins
n'euffent jamais fait contre lui la fameufe ligue
d'Augsbourg en 1688. comme contre un voifin inquiet & ambitieux; ainfi il n'auroit point
eu la guerre de 1689. contre tant d'ennemis.

Ce qu'il y auroit eu de plus glorieux pour
lui, c'eft qu'en le fuppofant Roi de France à
trente ans, ayant donné des preuves de fa dou-
C c 2

ceur,

ceur, de fa patience, de fa modération, de fa
juftice à fes voifins depuis 1691. jufqu'en 1700.
lorfque le Roi d'Efpagne Charles Second en
mourant appella le Duc d'Anjou fon fils par
fon Teftament à fa fucceffion, les Hollandois,
les Anglois, les Italiens, ni les Princes Allemands, excepté l'Empereur, ne fe feroient jamais réfolus à faire une dépenfe immenfe pour
donner cette Couronne à l'Archiduc au préjudice du Teftament du Roi d'Efpagne & de la
tranquillité de l'Europe, parce qu'ils n'auroient
jamais rien eu à craindre d'un voifin qui avoit
pour principal but de fe conferver par la voye
de l'arbitrage lui & fes voifins par la plus grande tranquillité.

De-là il fuit que fous fon Régne les François
n'auroient été point accablés d'impots, que l'E-
tat n'auroit point fait des dettes immenfes
qui ont forcé le Gouvernement à faire plufieurs
fois diverfes efpéces de Banqueroutes générales
à fes Créanciers.

De-là il fuit que notre Nation n'auroit point
été durant cinquante ans l'objet de la haine &
de l'averfion de toutes les autres Nations de
l'Europe. Nous en euffions été au contraire fort
aimés. Nous ferions devenus beaucoup plus riches,

ches, & nous aurions un nombre immenfe de compatriotes de toute condition, que nous avons perdu dans toutes ces guerres, & par la révocation de l'Edit de Nantes contre les Calviniftes.

Notre Commerce maritime, & le Commerce intérieur auroient fait un beaucoup plus grand progrès. Nous aurions plus de canaux de tranfport, plus de chemins pavés, nos arts & nos fciences auroient été beaucoup plus perfectionnés; enfin fous un pareil Régne nous aurions fouffert beaucoup moins de miféres, & nous aurions été de tout point beaucoup plus heureux que fous le régne effectif de fon Pére, que les flateurs ou les enthoufiaftes appellent encore Louis le Grand, nom qui eût alors mieux convenu au Dauphin fon fils.

Nous l'aurions appellé Louis le pacifique, & s'il avoit pris le foin d'empêcher la guerre entre fes voifins, ou de la faire promptement finir par des Traités & par des arbitrages, on l'auroit appellé Louis le Pacificateur, qui eft le plus beau de tous les titres, parce qu'il annonce un Prince d'un côté très puiffant, & par conféquent très redoutable, & de l'autre un Prince jufte, bienfaifant & fage, puifqu'il eft

C c 3

regar-

regardé comme médiateur , comme arbitre, & comme capable de faire goûter l'équité & la raifon à fes voifins coléres, ambitieux & injuftes.

Telles font les confidérations qui pourroient faire préférer fon caractére pour le bonheur de fes Peuples & de fes voifins, au caractére de Louis XIV. fon Pére, fi vanté par des efprits fi fuperficiels, qui prennent fottement la grande puiffance comme une qualité digne de louanges, lors même qu'elle n'eft employée qu'à faire du mal aux autres fujets & aux voifins.

Le fubfide du dixiéme ne rapporta que vingt-quatre millions, parce qu'il fut mal établi & mal régi ; il devoit rapporter au moins quarante millions.

Il parut un Edit fur le rang des Princes du Sang & des Princes légitimés, à l'égard des Pairs & fur l'hérédité des Pairies.

Il eût bien mieux valu, pour l'augmentation du bonheur de l'Etat, déclarer toutes les dignités de Duc & Pair futures fimplement perfonnelles, comme les Places des Chevaliers du Saint Efprit ; j'en ai dit les raifons dans un Mémoire féparé.

L'Empereur Jofeph étant mort, l'Archiduc Char-

Charles qui étoit à Barcelone s'embarqua & repaſſa en Allemagne, & bientôt après il fut élu Roi des Romains & couronné Empereur.

Cette mort commença à refroidir les Anglois & les Hollandois pour la ligue contre la Maiſon de France. Ils conſideroient que ſi l'Empereur Charles VI. devenoit Roi d'Eſpagne, il feroit beaucoup plus puiſſant, & par conféquent plus redoutable que n'étoit l'Empereur Charles-Quint, qui fit tant de guerres & qui fut regardé comme le fléau de l'Europe.

Mais ce qui détermina davantage la Reine d'Angleterre à déſirer la paix, c'eſt que voyant que le Roi de France étant âgé de ſoixante & treize ans, & ſes forces & celles de ſon Royaume épuiſées pour longtems, il ne feroit de ſa vie en état de ſonger à faire aucune entrepriſe ſur ſes voiſins, & cependant qu'elle pourroit épargner aux Anglois une furieuſe dépenſe en troupes.

Elle avoit auſſi eu des ſujets particuliers de plaintes contre la conduite de Marlborough, en ce qu'elle avoit déſiré de donner un Emploi à un Parent de Madame Masham ſa confidente, tandis que Marlborough l'avoit fait donner malgré elle à un autre. La Reine avoit

C c 4

auſſi

auffi à fe plaindre des maniéres fiéres & peu refpectueufes de la Ducheffe de Marlborough fa
Dame d'honneur ; ainfi elle fut fort aife de
trouver dans Milord Harlay depuis Comte
d'Oxford, un homme de grand efprit, pan-
chant à la paix pour les intérêts de fa Nation
contre les intérêts de ceux qui gagnoient à continuer la guerre. Elle eut avec lui quelques
conférences fecrettes fur un nouvel arrangement du Miniftére.

Ainfi quand Marlborough revint en Angleterre, il fut reçu fort froidement par la Reine,
qui bientôt après nomma un autre Général à
fa place. Elle changea prefqu'entiérement les
membres du Miniftére, & n'y plaça que ceux
qui défiroient une paix fure & honorable pour
la Nation ; à l'égard de Marlborough, il n'étoit
pas à plaindre ; car il fe retira avec cinq millions d'onces d'argent, ou trente millions de
notre monnoye préfente de 1735.

La Reine commença donc à écouter les propofitions de la France, & à demander qu'elles
fuffent examinées par fes Alliés à Utrecht, lieu
de conférence que la France défiroit & que j'a-
vois indiqué un an auparavant, dans un mémoire, pour y traiter par une affemblée per-
pétuel-

pétuelle l'arbitrage permanent de la Diéte Européanne & la paix perpétuelle & générale entre les Souverains d'Europe, dont Henri IV
nous avoit laiffé un plan groffier dans les Mémoires de Sully.

Les recrues pour la feule armée de Flandres
montérent cette année à vingt-deux mille neuf
cent hommes. Cela me fait croire qu'en tems
de guerre il en coûte à la France plus de quarante mille hommes année commune de guerre.

Depuis 1667. jufqu'à la mort de Louis XIV.
il y a eu vingt-neuf années de guerre & dix-
neuf de paix; ainfi il en a couté à la France
onze cent foixante mille hommes fans les Officiers, & foixante millions de livres par an à
cinquante livres le marc pour la dépenfe extraordinaire de la guerre; c'eft quatorze cent cinquante millions de livres.

Or de ces vingt-neuf années de guerre,
que lui en refta-t-il à fa mort, finon la
réputation d'avoir été poffédé toute fa vie
d'une ambition exceffive, & d'avoir été regardé comme le voifin le plus dangereux au
lieu qu'il pouvoit facilement à trois quarts
moins de frais, & aux trois quarts moins
d'hommes, acquérir la réputation de Pére de la
Patrie,

Patrie, & de Pacificateur de l'Europe. Il pouvoit même en devenir le Pacificateur éternel, s'il avoit voulu, en suivant en gros le plan de son ayeul, établir en Europe l'arbitrage, ou le Tribunal Européen, ou la Diette Européanne, pour accommoder ou décider les sujets de contestation présens & futurs entre les Souverains. Or quelle immense différence de réputation, entre celle qu'il a laissée & celle qu'il pouvoit laisser ! Quelle immense différence entre l'état malheureux où il a laissé ses Peuples & ses voisins, & l'état heureux où il pouvoit les laisser !

Ce n'est pas qu'il n'eût de bonnes qualités ; il étoit doux, poli, bon Maître. Il avoit de la justesse d'esprit, mais il n'avoit pas pour but le but d'un bon Roi, qui est la plus grande utilité de ses sujets : Son but étoit d'être & de paroître de beaucoup le Souverain le plus puissant, sans songer à être & à paroître le Souverain le plus bienfaisant.

Il étoit dévot & religieux, sans savoir que l'essentiel de sa Religion consistoit à faire pour les autres tout ce qu'il eût voulu que les autres fissent pour lui, & cela pour plaire à l'Etre bienfaisant & pour en obtenir le Paradis. C'étoit une Religion d'enfant, & rien moins

que

que la Religion d'homme raifonnable, qui confifte dans la plus grande bienfaifance journaliére, & dont il eft dit ; *& voilà toute la Loi & les
Prophètes :* & le tout faute de bonne éducation.

A N N E´ E 1712.

En moins d'un mois nous vimes mourir
la Dauphine Bourgogne , le Dauphin & fon
fils ainé de cinq ans. Il ne reftoit que le dernier de leurs enfans qui avoit deux ans , &
peu de fanté. La confternation fut d'autant
plus grande, que nous avions des preuves in-
conteftables de la grandeur d'efprit du Dauphin
Bourgogne, de fa grande application au travail du Cabinet , de fa grande équité , de fa
grande compaffion pour les pauvres, du grand
défir qu'il avoit de diminuer les maux du Peuple & d'en augmenter les biens , & fur-tout
du grand éloignement qu'il avoit pour des guerres, où l'ambition, l'avarice, la haine & la vengeance font plus confultées que la juftice & la
compaffion pour les malheureux, à qui la
guerre caufe néceffairement tant de maux. J'ai
même fu d'original par fon Confeffeur & par
feu Mr. de Saint Conteft, qu'il approuvoit fort
le plan de Henri IV. fon trifayeul , pour l'é-
ta-

tabliſſement de la Diette Européanne, que j'avois rectifié dans un mémoire qu'il avoit lû.

La Reine d'Angleterre qui ſouhaitoit la paix donna ordre au Duc d'Ormond qui commandoit ſes troupes en Flandres à la place de Marlborough, de ſuſpendre toute hoſtilité contre les François; & comme les articles qui regardoient les intérêts de la Nation Angloiſe avoient déja été réglés ſecrettement à Londres, & à Paris, le Duc d'Ormond avec environ ſeize mille Anglois ſe ſépara de l'armée du Prince Eugéne, & ſe retira vers Gand & Bruges qu'il occupa avec Dunckerque que le Roi lui confia comme caution de l'exécution de ſes promeſſes.

Les Anglois outre leurs troupes nationales ſoudoyoient encore de leurs deniers près de vingt - quatre mille Allemands, mais il n'y en eut que quatre mille qui voulurent ſuivre le Duc d'Ormond pour en être payés, le reſte des troupes ſoudoyées demeura à l'armée du Prince Eugéne ſans ſolde Angloiſe. Or ce Prince ſe trouvant encore fort ſupérieur en nombre de troupes au Maréchal de Villars, aſſiégea & prit le Queſnoi dès le commencement de la Campagne.

Ce

Ce fuccès lui enfla le courage; ainſi il fit une entrepriſe téméraire dont il fe repentit bien depuis; il aſſiégea Landrecy qui étoit à plus de douze lieuës de Marchiennes, d'où il falloit qu'il tirât fes vivres & fes munitions. Il eſt vrai qu'il avoit fait des lignes pour couvrir la marche de fes convois, & qu'il avoit un Camp bien retranché à Denain de dix ou douze mille hommes entre la grande armée & Marchiennes, pour favoriſer fes convois; mais il ne pouvoit pas empêcher le Maréchal de Villars de lui dérober une marche la nuit, & de forcer ce Camp retranché de Denain en quinze ou feize heures, & c'eſt ce qui arriva, par les grandes précautions, par l'extrême diligence dont uſa le Maréchal, & par la grande confiance qu'il avoit inſpirée à fes Troupes.

Il attaqua le Camp de Dénain & l'emporta malgré la grande réſiſtance des Ennemis, une heure avant que le Prince Eugéne pût y arriver avec la tête de fes troupes pour le fecourir; & comme l'armée du Maréchal fe trouva ainſi campée à la gauche de l'Efcaut, fans avoir rien à craindre de la part du Prince Eugéne qui étoit de l'autre coté de la riviére,

il

il envoya un détachement de neuf ou dix mil-
mille hommes, qui en trois jours de siége
emportérent Marchiennes fur la Scarpe , &
tous les chariots & les magafins de l'armée
ennemie qui y étoient. De là il affiégea &
reprit Douai , Bouchain, le Quefnoi , & divers autres poftes, & fit un fi grand nombre de prifonniers, que l'on comptoit que l'armée ennemie outre les Anglois étoit diminuée
de plus de quarante mille hommes en comptant
leurs morts.

Ces grands fuccès commencérent à faire défirer la paix aux Alliés , malgré les efforts de
la fiction du Grand Penfionnaire Heinfius qui
haïffoit mortellement le Roi de France & les
François. La fufpenfion d'armes entre l'Efpagne & le Portugal fut publiée. Les Anglois qui
étoient au fervice de l'Empereur en Efpagne
eurent ordre de demeurer neutres, & les Conférences d'Utrecht commencérent à devenir fréquentes & férieufes.

Nous voyons par l'Edit de création de
cinq-cent mille livres de rente au denier douze fur les tailles, que Defmarets Controleur
Général des finances commençoit à prendre
quelque chofe de la fage méthode Angloife

des

des annuités. Car le Roi outre l'intérêt rembourſoit tous les ans une partie du capital.

Mais pour perfectionner cette méthode, & pour lui acquérir du crédit, il faudroit 1°. l'établir & l'entretenir en tems de paix, parce que l'argent étant alors plus commun, l'intérêt pour cent eſt plus foible. Le Roi pourroit ou éteindre certaines rentes onereuſes comme rembourſement de certains offices, ou employer cet argent à relever des manufactures, ou à augmenter certains commerces, ou à des ponts, à des pavés, à des canaux, qui rapportent quatre ou cinq fois plus de profit à l'Etat que ne monte l'intérêt que le Roi paye aux Rentiers qu'il veut rembourſer.

Quand on verroit durant pluſieurs années ces ſortes de rentes payées exactement & rembourſées même par parties ſans aucun divertiſſement des deniers deſtinés à ces rembourſe-mens, tout le monde ſouſcriroit aux nouvelles créations, ou bien tout le monde en voudroit acheter d'anciennes, s'il ne s'en créoit point de nouvelles.

2°. Il faudroit faciliter la vente & l'achat de ces ſortes d'actions ou d'annuités, que la vente ſe fît ou avec une ſimple ſignature ſur un

Re-

Regiſtre de compte en Banque pour les groſſes ſommes, ou par des billets au porteur, pour de petites ſommes, à petits frais, & promptement, comme elle ſe fait en Angleterre par les billets de l'Echiquier. C'eſt ainſi qu'à Londres on négocie tous les jours ſur la place du Change des reſtes d'annuités.

3°. Il faudroit rendre ces annuités inſaiſiſſables, afin de leur procurer plus d'acheteurs.

4°. Il faudroit y affecter le ſubſide d'une ſeule Généralité telle que Paris, & faire toujours ceſſer promptement toute plainte ſur la régularité du payement. On pourroit auſſi y deſtiner le fonds des poſtes, le fonds des ſubſides de telle Province d'Etat, le fonds du Clergé, le fonds des pays d'Etat, c'eſt-à-dire, un fonds particulier & ſéparé.

A N N E´ E 1713.

Enfin la paix de France fut ſignée à Utrecht ſéparément avec l'Angleterre le 11e. Avril à trois heures après midi, à quatre heures avec la Savoye, à huit heures avec le Portugal, à près de minuit avec le Roi de Pruſſe, & auſſitôt après avec la Hollande.

L'Empereur ne voulut point ſigner alors.

Ainſi

Ainfi les Troupes Impériales fe retirèrent fur le Rhin fous le commandement du Prince Eugéne; mais comme elles étoient fort inférieures en nombre aux François, il fe tint fur la défenfive, & laiffa la liberté au Maréchal de Villars de prendre Landau, Fribourg & beaucoup de poftes fortifiés, & de mettre une partie de l'Allemagne en contribution; mais enfin les deux Généraux s'abouchèrent à Raftadt durant le mois de Décembre pour traiter de la paix. L'Empereur étant demeuré feul & trop foible, fut enfin obligé d'accepter l'année fuivante les propofitions que fes Alliés avoient obtenues pour lui en faifant leur paix particuliére.

J'ai vû dans une lettre de Harlay - Oxford principal Miniftre de la Reine Anne, que les Anglois feuls entretenoient pour l'Empereur quarante neuf mille hommes fur terre, & près de trente mille hommes fur mer.

Les Troupes Impériales qui étoient en Efpagne avec l'Archiducheffe ou Impératrice, eurent permiffion de fe retirer, & de repaffer en Italie fur les vaiffeaux Anglois, & s'embarquèrent à diverfes reprifes. Les habitans de Barcelone demeurèrent opiniâtres dans leur revol-

te, malgré la plus grande partie de la Nobleffe & du Clergé. Les Chefs des revoltés étoient
du bas peuple, & exerçoient dans la Ville
une efpéce de tyrannie qui dura peu ; tout
fe foumit.

Il parut un nouveau réglement pour l'Académie des Sciences, & un autre pour l'Académie
des Infcriptions, fur lequel j'ai fait quelques
obfervations.

1°. L'Académie des Sciences eft mal nom-
mée ; car on n'y cultive que l'Aftronomie, la
Chimie, la Méchanique, l'Anatomie, la Géo-
métrie, & la Botanique. Cependant il y a
beaucoup d'autres fciences que l'on n'y cultive point. La Morale, la Jurifprudence, la Politique, ou la Science du Gouvernement, la
Médecine, la Navigation, la Théologie, le
Commerce, l'Art Militaire, &c.

2°. Quoique l'Académie des Infcriptions foit
plus ancienne que celle des Sciences, comme elle eft beaucoup moins utile à l'Etat, il falloit
dans les Lettres patentes qui les confirment l'u-
ne & l'autre, faire paffer la plus utile avant la
plus ancienne. Or perfonne ne doute que l'Académie des Sciences ne foit la plus utile. Or la
plus grande utilité pour l'Etat eft toujours

pré-

préférable par les Miniſtres de l'Etat à la plus grande ancienneté.

3°. Ni l'une ni l'autre de ces Académies n'eſt point aſſez dirigée vers le principal but du Gouvernement, qui eſt le plus grand bonheur de la ſocieté. Il eſt vrai qu'elles procurent le plaiſir de la curioſité ; mais le Légiſlateur doit viſer à procurer encore aux ſujets d'autres eſpéces de plaiſirs, & les conduire le plus promptement & le plus facilement qu'il eſt poſſible vers les connoiſſances les plus utiles pour diminuer les maux, & pour augmenter les biens de cette premiére vie, & pour s'aſſurer autant qu'il eſt poſſible, par l'obſervation de la Juſtice, & par la pratique de la bienfaiſance, la ſeconde vie heureuſe.

Je conviens que le déſir de ſatisfaire la curioſité des Lecteurs eſt un déſir raiſonnable. C'eſt toujours (pour un Auteur) être utile à la ſocieté, que de procurer du plaiſir actuel à un certain nombre d'hommes curieux. Un bon Auteur Comique, ou Tragique, un bon Acteur, ſont actuellement utiles à la ſocieté, quand l'un procure du plaiſir à ceux qui liſent, & l'autre à ceux qui voyent repréſenter une bonne Comédie, ou une bonne Tragédie.

D d 2

Mais

Mais il faut que le Légiflateur vife encore plus loin ; il faut que les connoiffances des chofes naturelles tendent autant qu'il eft poffible à perfectionner nos arts les plus utiles, tels que font ceux qui regardent la nourriture, l'habillement, l'Agriculture, les Manufactures, la Médecine, la Teinture, la maniére de diminuer la dépenfe pour éclairer & pour échaufer les chambres &c. Le travail d'une Académie payée des deniers publics doit etre non feulement de fatisfaire la curiofité, mais particuliérement pour perfectionner nos arts les plus importans au bonheur de la Societé.

Il faut que le Légiflateur, en établiffant une Académie pour la connoiffance des anciens monuments, ne fe borne pas à la fimple curiofité de ceux qui font bien aifes de favoir ce qui s'eft pratiqué en tel tems, ou dans tel pays éloigné ; mais il faut qu'il oblige les Auteurs à montrer au Lecteur les augmentations de la raifon humaine dans les Arts & dans les Sciences, & à indiquer ce qui fe pourroit faire de mieux afin de perfectionner de plus en plus cette même raifon humaine univerfelle ; or à dire le vrai, ces Réglemens ne font pas auffi bien dirigés vers la plus grande utilité publique

que qu'ils pourroient l'ètre. J'en parle plus amplement dans le projet pour perfectionner les Académies.

A N N E'E 1714.

La paix entre l'Empereur & la France fut signée à Raftadt le 6. Mai par le Prince Eugéne de Savoye, & par le Maréchal de Villars : comme la négociation balança & fut fort incertaine quelque tems, les Députés à la Diette de l'Empire étoient déja convenus de payer leur contingent de cinq millions de rix-dallers pour la dépenfe de la Campagne de 1714. & comme il reftoit dans le Traité de Raftadt encore plufieurs articles moins imporportans à régler, & plufieurs formalités à obferver, on nomma de chaque côté des Plénipotentiaires pour s'affembler à Bade en Suiffe ; & quand tout fut prêt à figner, le Prince Eugéne & le Maréchal de Villars s'y trouvérent & fignérent le 14e. Septembre.

Le Roi à foixante & feize ans, prévoyant une longue minorité, écrivit fon Teftament, le figna le 14e. Août, & l'envoya cacheté au Parlement pour être exécuté après fa mort.

La mort de la Reine Anne d'Angleterre ar-

D d 3

riva

riva le 12ᵉ. du mois d'Août ; mais comme tous les traités étoient fignés, fa mort n'apporta aucun changement à la paix. Le Roi George de Brunfvick paffa en Angleterre, comme le plus proche héritier Proteftant défigné par le Parlement d'Angleterre.

Pontchartrain Chancelier las des affaires & de la Cour où il n'avoit plus d'agrément, donna fa démiffion, & fe retira. Il paffoit l'Eté à la Campagne, & l'hyver a Paris dans une petite maifon des Péres de l'Oratoire.

Sa Charge fut donnée à Voifin, qui avoit la Charge de Sécretaire d'Etat de la Guerre; il les exerça toutes deux en même tems jufqu'à la mort du Roi.

Salignac Fenelon Archevêque de Cambrai, homme illuftre par fon efprit & par fa vertu, mourut fort regretté des gens de bien & des bons François, qui euffent fort fouhaité le voir Miniftre Général fous le Dauphin Bourgogne qu'il avoit élevé. Il avoit plus de vivacité d'imagination que de jufteffe & de folidité d'efprit. Il avoit donné follement dans les vifions du Quiétifme, fondé fur un raifonnement métaphyfique, & fur un défintéreffement chimérique ;

que ; mais malgré ses visions il aimoit fort la justice & la bienfaisance.

Edit de Mai par lequel le Roi constitue cinq
cent mille livres de rente au denier seize sur
les Contrôles.

Semblable Edit au mois d'Août remboursa-
ble en dix - sept ans.

Semblable Déclaration pour faire créer par les
Etats de Brétagne six vingt mille livres de rente au denier vingt remboursables en vingt &
un an. Il paroît que cette méthode Angloise
pour les remboursemens commençoit à plaire
à ceux qui avoient de l'argent à placer, &
c'est effectivement de beaucoup la meilleure pour
le Roi & pour l'Etat, & par conséquent pernicieuse pour l'engeance des traitans & autres
usuriers. C'est dommage que Desmarets ait été
déplacé bientôt après du Ministére des finances, lui qui avoit commencé à goûter une si
bonne voye.

A N N E'E 1715.

La mort de Louis XIV. Roi de France à
soixante & dix-sept ans, arrivée le premier Septembre , fit beaucoup de bruit en Europe ;
mais comme tous les voisins étoient las de la

guerre, & qu'elle venoit d'être fuſpendue par des traités, cette mort n'apporta point de changement aux affaires de l'Europe, mais feulement dans le Miniftére de France. Ce Prince ſe vit mourir avec une grande fermeté & avec un grand ſang froid. On remarqua fort le petit difcours qu'il fit publiquement au jeune Dauphin deux jours avant ſa mort; cet enfant n'avoit que quatre ans & demi; ainſi c'étoit plutôt une déclaration de ſes ſentimens adreſſée à tous ceux qui étoient dans ſa chambre, qu'une inftruction pour ce jeune Prince, qui ne devoit pas être de longtems en état de l'entendre & d'en profiter.

Mon fils, lui dit-il, *je vous laiſſe un grand Royaume à gouverner; je vous recommande furtout de travailler autant que vous pourrez à diminuer les maux & à augmenter les biens de vos ſujets; & pour cet effet je vous demande avec inſtance de conferver toujours précieuſement la paix avec nos voifins comme la ſource des plus grands biens, & d'éviter ſoigneuſement la guerre comme la ſource des plus grands maux. Ne faites donc jamais la guerre que pour vous défendre, ou pour défendre vos alliés. Je vous avoue que de ce côté-là je ne vous ai pas donné*

de

*de bons exemples ; mais aussi c'est la partie de
ma vie & de mon Gouvernement dont je me re-
pens davantage.*

Ce Prince avoit de bonnes qualités, mais
Henri IV. son Grand-Pére qui mourut à cinquante quatre ans en 1610. valoit encore
mieux par l'esprit, par le courage, & par une
connoissance plus exacte des qualités qui sont
les plus estimables & les plus dignes de louanges parmi les hommes, telles que sont la justice & la bienfaisance ; & s'il eût vécu autant
que Louis XIV. son petit-fils, c'est-à-dire
vingt-cinq ans de plus, s'il eût régné jusqu'en
1633. il auroit exécuté son beau projet de la
Diéte Européene, pour maintenir toujours
les Princes & Etats de l'Europe sans guerre
entr'eux, comme la Diéte Germanique main-
tient toujours les Princes & Etats d'Allemagne
sans guerre entr'eux depuis plus de cinq-cent
ans ; par ce merveilleux établissement, il eût
été non-seulement le plus grand Roi, mais encore le plus grand homme, le plus grand bienfaicteur des hommes qui ait jamais été & qui
puisse jamais être.

La fidélité dans les promesses à l'égard de ses
voisins est une partie de la justice d'un Souverain.

rain. Or fi Henri IV. eût fait un traité comme celui des Pyrenées, il n'auroit point furement recommencé la guerre avec l'Efpagne fur le prétexte de l'invalidité des renonciations, & fur ce que les filles des particuliers héritent en Brabant.

Un Roi qui ne demande de fubfides à fes fujets que ceux qu'il trouveroit juftes lui-même s'il étoit fujet, eft un Roi jufte. Tels font les fubfides qu'on leur demande pour une guerre défenfive. Or les premiéres guerres de Louis XIV. qui l'ont tant décrié, comme ambitieux, injufte, parmi les nations voifines, étoient-elles des guerres purement défenfives? Henri étoit donc plus jufte.

Louis a été plus magnifique que Henri fon ayeul, il a plus dépenfé en bâtimens, il a beaucoup plus donné de penfions; mais s'il a donné avec profufion des penfions, les donnoit-il toujours à ceux qui avoient plus utilement fervi l'Etat? Et puis fur qui prenoit-il ces penfions qu'il donnoit? N'étoit-ce pas en augmentant les tailles fur de pauvres familles, en leur ôtant une partie de leur néceffaire? Henri pratiquoit mieux la juftice & la bienfaifance.

Le

Le Dauphin Bourgogne n'avoit qu'une petite somme par an pour sa cassette, c'est-à-dire, pour satisfaire ses goûts & ses fantaisies; mais comme il donnoit beaucoup de cet argent à de pauvres familles, on peut dire qu'il étoit beaucoup plus libéral, beaucoup plus bienfaisant que Louis XIV. son ayeul, parce qu'il donnoit beaucoup du sien; mais donner le bien d'autrui à des courtisans, & à des femmes de la Cour, est-ce bienfaisance? n'est-ce pas plutôt injustice? Le Dauphin n'étoit point magnifique; mais il étoit bienfaisant, ce qui vaut incomparablement bien mieux que magnifique.

Vouloir donner contre les Loix de l'Etat aux enfans de Madame de Montespan un droit de succéder à la Couronne, qu'ils ne peuvent jamais avoir par les Loix anciennes de l'Etat, puisqu'étant sortis de Madame de Montespan durant la vie de Mr. de Montespan son mari, ils ne peuvent jamais être regardés selon les Loix que comme enfans de Mr. de Montespan & fréres cadets de Mr. le Duc d'Antin, n'est-ce pas commettre une grande injustice? Si Louis XIV. eût eu à juger dans un autre Prince un procédé pareil, l'auroit-il trouvé juste? Henri IV.

IV. ſon ayeul n'eût point fait cette injuſtice.

Il eſt vrai que la grande puiſſance de Louis XIV. a jette durant ſa vie une eſpèce de voile ſur ces procédés injuſtes ; mais ce voile ſera uſé dans cinquante ans, & le Public jugera alors de ſes actions comme nous jugeons préſentement des bonnes & des mauvaiſes actions de l'Empereur Charles - Quint, & l'on verra combien Henri, combien le Dauphin Bourgogne étoient plus juſtes que Louis.

. Il faut avouer cependant en l'honneur de Louis XIV. qu'il avoit beaucoup de patience, de modération, de politeſſe, de courage d'eſprit, de fermeté dans ſa conduite, de connoiſſances de différentes parties du gouvernement parties du Gouvernement, & que pour un Roi très - puiſſant, & pour un Roi très mal élevé, il étoit fort eſtimable par pluſieurs qualités. Je ne doute pas que s'il fût né comme Henri IV. & ſecouru dans ſa jeuneſſe par la contradiction, & par l'émulation entre pareils, il auroit été plus juſte qu'il n'a été ; mais la condition des Rois, qui a des avantages ſur la condition des particuliers du côté de la vie molle, oiſive, voluptueuſe, & du côté de la puiſſance, eſt bien au-deſſous de la condition

des

des particuliers du côté de la vie laborieuse &
vertueuse, & du côté de la docilité, de la fermeté, & de l'étendue d'esprit.

Quelques-uns blâmoient son air férieux, &
l'appelloient morgue; mais pour moi, je crois
que c'étoit un air néceffaire pour fe faire plus
refpecter par une Nation trop familiére, à laquelle il eft à propos pour fon propre bonheur
d'infpirer du refpect. On ne fauroit gouverner
les Grands enfans fans une certaine autorité
que donne le refpect; ainfi quand il n'auroit
pas aimé à être refpecté, il auroit dû pour la
propre utilité de fes fujets affecter un air férieux & majeftueux. Il auroit dû en ufer avec
fes courtifans comme il faifoit, leur parler peu,
& fe communiquer peu.

Il a toujours préféré pour Miniftres les gens
de baffe naiffance aux gens de grande qualité;
& je louerois en cela fa prudence, s'il avoit
choifi les plus grands génies. Il ne faut pas que
les enfans du Souverain puiffent jamais avoir
à craindre le crédit de fes Miniftres; mais il
faut que le Miniftre accrédité puiffe par un Miniftére très prudent conferver aux enfans de
fon Maître l'autorité Royale toute entiére.

Il aimoit fort à être loué, & loin de blâmer

en

en lui ce défir immenfe des louanges, je crois que les Rois ne fauroient trop les défirer ; mais malheureufement on ne lui avoit pas appris, ni dans fon enfance, ni dans fa jeuneffe, à connoître ce qui eft le plus louable. On ne lui avoit pas appris que rien n'eft louable que les actions vertueufes, c'eft-à-dire, l'obfervation de la juftice pour ne faire mal à perfonne malgré le penchant à la vengeance, & la pratique de la bienfaifance, malgré les grandes difficultés, pour devenir grand bienfaicteur du public : il ne connoiffoit pas plus que le commun du monde ce qui méritoit plus ou moins d'être loué. On ne lui avoit donné de défirs que pour augmenter fa puiffance, & pour en faire parade, fans lui faire remarquer que la puiffance injufte & malfaifante eft toujours odieufe, & qu'elle eft d'autant plus odieufe qu'elle eft plus grande.

Les louanges perpétuelles que lui donnoient fes Miniftres & fes Courtifans l'avoient rendu un peu trop préfomptueux. La grande quantité de médifances & de calomnies qu'il avoit entenduës le rendoient fort foupçonneux, fort défiant, & fort méprifant : Il ne connoiffoit pas affez combien la différence d'efprit & de vertu dans les Miniftres pouvoit apporter de différen-

ren-

rence dans les fuccès des affaires, & par malheur il ne lui vint jamais à l'efprit de mettre en ufage la méthode du fcrutin perfectionné entre trente pareils pour connoître avec fureté les trois fujets du plus grand mérite national de ces trente pareils.

On l'a loué affez du côté de fa magnificence, mais jamais affez de fa grande juftice envers fes voifins, ni de fa grande bienfaifance envers fes peuples, comme on a loué Louis XII.

Lorfqu'il commença à gouverner, il ne pouvoit plus prendre que dans les Hiftoriens fages des idées véritables de la véritable valeur des actions qui méritoient les louanges les plus eftimables ; mais par malheur on ne lui avoit donné dans fon éducation aucun goût pour aucune efpèce de lecture, pas même pour la vie des Hommes Illuftres de Plutarque ; lecture de Princes.

Après la mort du Roi, le Duc d'Orléans Régent alla au Parlement. On y lut le teftament du Roi ; & malgré les difpofitions de ce teftament, il fut reconnu Régent du Royaume avec toute l'autorité d'une parfaite Régence ; ainfi l'article de ce teftament qui ne lui donnoit pas le titre & les prérogatives de Régent ne fut pas fuivi, parce qu'il étoit contraire aux Loix fondamentales de l'Etat, c'eft-à-dire,

dire, à la coutume de tout Royaume héréditaire, qui veut que le plus proche parent majeur foit Régent du Royaume avec l'autorité du Roi, en attendant la majorité du Roi mineur.

Cette coutume eft d'autant plus fage, qu'étant bien connue de tout le monde, chaque officier de l'Etat prend fes mefures de loin pour obéir au Régent futur durant fa Régence, comme il obéira au Roi même après fa minorité ; c'eft ainfi que la mére de Louis XIV. fut déclarée Régente en 1643. avec toutes les prérogatives de Régente, malgré le teftament du Roi fon mari, qui lui ôtoit fa principale prérogative, qui confifte à pouvoir foi-même fe choifir un Confeil, & à n'être pas affujettie à fuivre la pluralité des voix de ce Confeil.

Le Régent dit au Parlement, qu'en fuivant le plan du feu Dauphin dernier mort, il avoit deffein d'établir divers Confeils felon la diverfité des affaires, afin de fe conduire avec plus de fageffe.

Ce plan étoit bon pour difcuter les affaires difficiles & pour perfectionner les Réglements & les établiffements & toutes les affaires qui ne preffent pas & qui ne demandent pas célérité

rité de décifion; mais il falloit en même tems conferver le Miniftére journalier des affaires journaliéres & preffantes, pour faire exécuter tous les jours les réglements anciens.

Ce fut une faute de renvoyer les affaires journaliéres à ces Confeils confultatifs; il n'y avoit qu'à fuivre de ce côté là l'ancienne forme du Gouvernement de Louis XIV. d'avoir plufieurs Miniftres, & y ajouter feulement les Confeils confultatifs fous chaque Miniftre, pour les affaires importantes moins preffantes, & non encore décidées.

Un mois après la mort du Roi, le Régent écrivit une lettre circulaire aux Intendants des Provinces, pour leur demander des Mémoires fur la méthode la plus facile & la plus efficace pour empêcher les difproportions exceffives dans les repartitions de la Taille; & c'étoit effectivement le plus important objet de la partie du Gouvernement qui regarde les Finances; mais ce ne fut qu'un vain défir, faute d'établir un bureau exprès formé de membres fort inftruits & fort zélés pour un pareil ouvrage.

Au commencement de l'année il y eut trois Edits pour créer fur les tailles & fur le controlle pour environ cinq cent mille livres de rente au denier feize rembourfables par parties chaque année.

Il eût été facile à Defmarets, qui gouvernoit encore alors les Finances, de trouver à emprunter les fonds de pareillles rentes au denier vingt fur la fin de l'année, parce que les rentes fixes de l'Hotel-de-Ville avoient été réduites au denier vingt-cinq, ou à quatre pour cent d'intérèt, au lieu qu'elles étoient auparavant au denier vingt ou à cinq pour cent d'intérèt; mais après la mort du Roi Louis XIV. Defmarets fut déplacé. Le Duc de Noailles Préfident des Finances ne comprit pas apparemment toute l'importance de foutenir l'établiffement des rentes rembourfables par parties chaque année, pour trouver promptement de l'argent à emprunter.

Ainfi finit l'ufage de cette bonne méthode Angloife des annuités, avant qu'elle eût le loifir de fe perfectionner; le feul déplacement d'un Miniftre des Finances en fut la caufe.

Ceci prouve que pour faire des progrès dans chaque partie de la police d'un Etat, il faut des Confeils confultatifs perpétuels, qui ne meurent point, qui foutiennent puiffamment & perfectionnent toûjours les bons établiffemens,

&

& que chaque Miniftre ne fe mêle que de faire exécuter promptement par fes décifions journaliéres les anciens réglements qui regardent fon Miniftére, & les réglements nouveaux qui auront été difcutés dans les Confeils confultatifs.

Il parut un Edit qui fut fort aprouvé par les gens de bien, ce fut la révocation d'une infinité de priviléges des gens riches, qui les avoient achetés à bon marché pour s'exempter de la taille. Ils furent rembourfés.

A N N E'E 1716.

Le Roi Louis XV. vint demeurer à Paris. Les Bourgeois, les Officiers de guerre, de robe, les Officiers de la Maifon du Roi, en furent fort aifes. Le Régent avoit choifi Paris comme plus commode pour fes amufements; mais le Miniftére y perdoit de fon autorité: le feu Roi qui s'en étoit apperçu avoit choifi durant vingt ans le féjour du château de Saint Germain, que François Premier avoit fait bâtir à quatre lieues & demie de Paris; & puis vers 1681. il alla faire fon féjour ordinaire à Verfailles qu'il avoit fait bâtir à une lieue & de-

E e 2

mie

mie de Saint Germain, & à quatre lieues de Paris.

1°. Il est à propos que le séjour ordinaire du Roi soit d'un côté assez près de Paris pour en tirer les commodités, & afin que les Ministres y aillent un jour la semaine donner leurs audiences, & négocier les affaires du Roi; & de l'autre il est à propos qu'il y fasse plus cher vivre qu'à Paris, que l'on y soit moins commodément, & qu'il en coûte pour y aller, afin que la Cour ne soit pas accablée de populace & de courtisans inutiles, & afin que les Ministres y ayent plus de loisir de travailler.

2°. Moins le peuple voit le Roi & ceux qui gouvernent, plus il y a de respect pour le Gouvernement, plus il est disposé à obéir.

Le fondement du bonheur d'un Etat, c'est la tranquillité; le fondement de la tranquillité, c'est l'obéissance exacte; le fondement de l'obéissance exacte & prompte, c'est le respect; un des fondemens du respect, c'est la nonfamiliarité; & la nonfamiliarité vient de l'éloignement.

Les Ministres gagnent aussi à cet éloignement quelques degrés de sûreté, pour n'être point

point

point déplacés ; car ceux qui pourroient les déplacer ne fauroient de loin faire mouvoir tous leurs refforts fecrets, & ils ne fauroient demeurer à Verfailles fans donner du foupçon de leurs vuës.

Mais pour la commodité publique, ils devroient avoir partie de leurs bureaux à Paris dans la place de Vendôme où eft la Chancellerie, & partie à Verfailles. Tous les bureaux des Confeils fe tiennent à Paris.

Je compte pour quelque chofe par rapport à la fanté des Miniftres la néceffité de ces cinquante petits voyages par an de Paris à Verfailles & de Verfailles à Paris. Les voyages de Fontainebleau & de Compiegne dérangent les Miniftres & les bureaux. Les affaires générales & les affaires des particuliers en fouffrent ; mais la chaffe eft néceffaire à la fanté des Rois, qui font plus longtems enfans que les autres hommes.

Les difputes entre les Théologiens recommencérent à l'occafion de la Bulle *Unigenitus*. Si le Régent pour s'en débarraffer, après avoir fur cet article ordonné *le filence* aux deux partis par une déclaration, & fous des peines fuffifantes eût formé une Chambre de Police au Parlement de Paris, & dans chacun des autres Parlemens, pour l'exécution de cet Edit du *silence* fous des peines fuffifantes, il auroit fini toutes ces difputes, qui ne peuvent jamais finir que par le filence commandé & bien obfervé. On fe fauvoit a-vant la Bulle, fans en parler; raifon décifive.

Comme les Traitans avoient fait de grands profits aux dépens du Peuple dans l'adminif-tration des Finances depuis 1689. le Régent forma une Chambre de Juftice pour les ta-xes; on devoit fonder la taxe fur la déclara-tion du revenu qu'ils avoient en 1716. Il en tira environ cent quarante millions de billets de l'Etat à la décharge des dettes de la nation.

Nous vimes avec plaifir l'établiffement & le progrès de la Banque; le Royaume en auroit tiré de grands avantages, fi l'on n'avoit pas voulu porter fon crédit au-dela du tiers de fon argent comptant, au-delà de la valeur de fes marchandifes & de fes billets actifs; & c'eft pour cela qu'elle ne dura que deux ou trois ans. La Cour au lieu d'employer les billets de Banque en marchandifes ou effets faciles à convertir en argent, en achetoit des actions & en faifoit des préfens à des femmes, à des Princes, à des Courtifans.

Il a paru cette année un imprimé très-cu-

rieux

rieux, & qui par fon autenticité & par la maniére fage & fenfée dont il étoit écrit, mérite,
ce me femble, une place dans ces Annales politiques; c'eft un Mémoire dans lequel Mr.
Defmarets juftifie la conduite qu'il a tenue dans
le miniftère des Finances durant les derniéres
années du régne de Louis XIV.

.Ce qu'il y a de plus important dans cet écrit,
c'eft qu'il repréfente naïvement les dettes immenfes dans lefquelles ce Prince avoit très imprudemment & très injuftement engagé fes Peuples pour foutenir de longues & fanglantes
guerres qu'il pouvoit facilement éviter.

LETTRE DE MR. DESMARETS A MR. LE DUC D'ORLEANS REGENT DU ROYAUME, EN LUI ENVOYANT SON MEMOIRE.

MONSEIGNEUR,

Je fupplie très humblement Votre Alteffe Roy-ale de donner quelques moments de fon attention au Mémoire que j'ai l'honneur de lui préfenter.

MEMOIRE.

Le feu Roi m'ayant fait l'honneur de me choifir le 20e. Février 1708. pour remplir la place de Controlleur Général des Finances, j'ai

ſoutenu avec un travail continuel & pénible, le poids de cet emploi, juſqu'au premier Septembre 1715.

Votre Alteſſe Royale ſait parfaitement, que le Controlleur Général des Finances n'eſt ni Ordonnateur ni Comptable depuis le Réglement du 5. Septembre 1661. par lequel le feu Roi ſupprima la Commiſſion de Surintendant des Finances pour toujours; Le feu Roi en a fait toutes les fonctions lui-même; il ne s'eſt fait aucun payement qu'en vertu des ordonnances & des états qu'il a ſignés; & le Controlleur Général des Finances a été ſimplement l'exécuteur des ordres de Sa Majeſté.

Ainſi n'ayant fait aucune geſtion qu'en vertu des ordres du Roi, je ne ſuis point obligé d'en rendre compte; mais un motif d'honneur, & le reſpect que je dois à V. A. R. me preſſent également de donner des éclairciſſements ſur l'état où étoient les Finances au 20. Février 1708. ſur ce qui a été fait pendant ſept ans & demi, juſqu'à la mort du Roi, pour ſoutenir les dépenſes de la Guerre & tout l'Etat, & ſur la ſituation où étoient les finances au premier Septembre 1715.

Le premier objet auquel je donnai toute mon

at-

attention, fut de reconnoître les dettes de l'E-
tat & les papiers qui étoient décrédités, & qui
avoient fait refferrer l'argent à un tel excès, que
le payement des troupes avoit manqué dans prefque tous les départements. On ne pouvoit fans
imprudence faire publiquement cette reconnoiffance. Il faloit, au contraire, cacher le mal,
pour ne pas manquer totalement ; mais les
papiers qui étoient dûs au Public, ont été fi
connus, que la fimple explication en fait voir
la vérité.

Il étoit dû au Public au 20e. Février 1708.
pour les nouveaux billets de monnoye reformés
en 1707. Le marc d'argent étant alors à 28.
Livres, foixante & douze millions.   72000000.

Billets de monnoye convertis
en billets des Fermiers Généraux
des Fermes unies & des Receveurs des Finances, payables en
cinq ans, cinquante quatre millions quatre cent trente-cinq mil-
le huit cent vingt-cinq Livres. · 54435825.

· · · · · · Liv. 126435825.

Liv.

.   .   .   .   Liv. 126435825.

Anciens billets de monnoye non reformés, gardés par ordre dans les Caiſſes des Tréſoriers, dont il faloit faire les fonds, neuf millions cinq cent ſoixante & dix mille deux cent quarante-huit Livres.   .   .   .   .   .   9570248.

Billets des Sousfermiers des Aydes par forme de prêt, ſept millions deux cent mille Livres.   .   7200000.

Promeſſes de la caiſſe des Gabelles, ſoixante millions quatre cent ſoixante-trois mille ſept cent cinquante Livres.   .   .   .   60453760.

Billets d'emprunt des Tréſoriers de l'extraordinaire des Guerres, & des Adjoints qui leur avoient été donnés pour ſoutenir les dépenſes de leurs exercices des années 1706. & 1707. ſoixante un millions ſept cent cinq mille huit cent vingt-ſept Livres.   61705827.

.   .   .   .   .   .   Liv. 265363660.

Liv.

. . . . . . Liv. 265365660.

Intérêts échus de ces différentes parties, vingt-sept millions
neuf cent quatre-vingt onze mil-
le six cent soixante-cinq Livres. 27991665.

Il étoit dû aux Tréforiers de
toute nature, ordonnances & é-
tats non acquittés, cent deux
millions trois cent soixante six
mille huit cent trente trois Livres. 102366833.

Il avoit été confommé par a-
vance fur les revenus de 1708.
pour les dépenfes de 1706. &
1707. cinquante quatre millions
huit cent trente trois mille huit
cent trente trois Livres. . . 54833833.

Plus fur les années 1709. 1710.
1711. & 1712. il avoit été confommé par avance, quatorze millions deux cent quatre-vingt fix
mille fix cent foixante & dix
Livres. . . . . . . 14286670.

Emprunt fait à Génes, deux
millions de Livres. . . . 2000000.

. . . . Liv. 466844661.

Liv.

.   .   .   .   .   Liv. 466,844,661.

Il étoit dû au Sr. Bernard, pour avances faites pour les troupes, & pour lesquelles il lui avoit été donné des billets des Tréforiers de l'extraordinaire des guerres qu'il a fallu remplacer, onze millions de Livres. .   11,000,000.

Aux fréres Hoguer, pour les avances faites pour l'armée d'Italie en 1706. plus de cinq millions de Livres.   .   .   .   5,000,000.

Les dépenfes de l'année 1708. fuivant les ordonnances, deux cent deux millions fept cent quatre vingt huit mille trois cent cinquante quatre Livres.   .   .   202,788,354.

Total, fix cent quatre vingt cinq millions fix cent trente trois mille quinze Livres.   .   Liv. 685,633,015.

Les fonds de l'année 1708. ayant été prefque entiérement confommés par avance, il ne reftoit de fonds libres de l'année 1708. déduction faite de charges & affignations anticipées, que vingt millions

millions trois cent quatre - vingt - huit mille trois cent trente-huit livres.

Il n'avoit été fait aucune difpofition pour les vivres de la campagne: nul fonds pour les remontes & les recruës.

Tel étoit alors l'état des Finances du Roi, l'état des dettes mobiles du Royaume: tel é- toit l'état des fonds qui reftoient pour fatisfai- re à toutes ces dettes, lors que Mr. de Cha- millard, chargé d'ailleurs du détail de la guer- re, fupplia le Roi de le décharger d'un far- deau qui devenoit tous les jours plus pefant.

A quoi on peut ajoûter, que la rareté de l'efpéce, les fommes confidérables duës aux Tré- foriers & aux Entrepreneurs, le défaut de paye- ment des affignations, le difcrédit des effets du Roi & l'ufure qui fe faifoit fur les billets de monnoye & fur toute forte de papiers, a- voient mis les Finances dans un état qui pa- roiffoit fans reméde.

Le Roi me nomma Controlleur - Général dans cette affreufe fituation. Elle m'étoit affez connuë: le peu de poffibilité de fatisfaire à tant de dépenfe avec fi peu de fonds, me parut dans toute fon étendue, & je fentis tout le poids d'une pareille commiffion: mais le Roi

ne

ne me laiſſa pas la liberté de lui repréſenter ce que je ſçavois & ce que je connoiſſois de l'état de ſes Finances. Il me prévint & s'expliqua nettement, me diſant qu'il connoiſſoit parfaitement l'état de ſes finances, qu'il ne me demandoit pas l'impoſſible ; que ſi je réüſſiſſois, je lui rendrois un grand ſervice dont il me ſçauroit beaucoup de gré, & que ſi le ſuccès n'étoit pas heureux, il ne m'en imputeroit point les événements.

Je crus devoir commencer cette difficile adminiſtration par un coup déciſif, & qui marquant au Public que je connoiſſois l'ordre & l'œconomie d'une bonne régie, étoit ſeul capable de donner à l'eſpéce ſa premiére circulation & de ranimer la confiance.

Je compris que le Tréſor Royal, comme le centre de la finance, devoit recevoir tout le produit des revenus de S. M. , & je m'attachai à l'y faire remettre tout entier à l'échéance de chaque payement.

Quatre raiſons principales m'y déterminérent.

Premiérement, pour engager les Comptables à payer plus réguliérement qu'ils n'avoient fait.

Secondement, pour empêcher que ceux qui

avoient

avoient pris des engagements pour le fervice ne fuffent plus longtems expofés à effuyer de longs retardements, ni privés par les mauvaifes difficultés des Comptables, d'une partie de leurs intérèts dont le retardement jufqu'alors avoit fait un tort confidérable au crédit du Roi.

Troifiémement, parce qu'en faifant porter directement à la caiffe du Tréfor Royal, le produit des revenus de S. M., je redonnois à cette caiffe un crédit éteint depuis longtems, perfuadé que le feul moyen de diffiper la fupériorité ufuraire que l'efpéce avoit prife fur le papier, & de faire fortir l'efpéce, étoit de faire voir au public beaucoup d'argent circuler dans la caiffe du Roi.

Quatriémement, je penfai à établir une régie certaine, & qui me mit en état de pourvoir aux dépenfes les plus preffées par la connoiffance du fonds certain que j'aurois dans cette caiffe, fuivant les bordereaux qui m'en feroient remis toutes les femaines & tous les mois.

Cet arrangement fut applaudi, & eut tout l'effet qu'on en pouvoit attendre.

Pour parvenir à l'exécution de ce projet, il faloit rendre libres les fonds de l'année 1708.

qui

qui avoient été confommés entiérement par des affignations anticipées, lefquelles avoient été ti-récs pour les dépenfes des années précédentes.

Le Roi ordonna qu'elles feroient raportées & réaffignées fur l'année 1709. ce qui fut exécuté. La diminution des efpéces qui avoit été annoncée pour le premier Mars 1708. & fucceffivement dans les autres mois de la même année, détermina tous les porteurs d'affignations à les rapporter fans peine, pour éviter les diminutions qu'ils auroient fouffertes, fi on avoit pû les acquitter exactement.

Il faut obferver que ces fonds n'étant pas, à beaucoup près, fuffifants pour fournir aux dépenfes les plus preffées & les plus néceffaires, il fallut penfer à augmenter le crédit & faciliter de nouveaux emprunts : & comme il avoit été ordonné par un Arrêt du 29. Octobre 1707. que tous les payemens ne pourroient être faits ni ftipulés que les trois quarts en efpéces & l'autre quart en Billets de Monnoye, le défaut de liberté dans les conventions qui fe pouvoient faire entre le prêteur & l'emprunteur, faifoit toûjours refferrer de plus en plus l'efpéce ; le Roi permit par arrêt du 27. Février 1708. la liberté des ftipulations. Cet arrêt &

les

les diminutions annoncées cauférent un affez grand mouvement d'argent, & donnérent les moyens de foutenir les dépenfes de cette année 1708. Il fallut encore avoir recours à d'autres expédients. On créa par quatre Edits, deux millions cent mille livres de rente fur l'Hôtel-de-Ville au denier feize, au principal de trente-trois millions fix cent mille livres. On créa auffi des augmentations de gages, que les Officiers des Compagnies Supérieures, les Officiers de Police & ceux de Finance furent obligés de lever, qui produifirent la fomme d'onze millions quatre cent mille livres.

On fit auffi divers traités d'affaires extraordinaires, dont le total étoit de trente-fix millions.

Tous ces expédients produifirent les fonds pour les dépenfes de la campagne de 1708. ce qui étonna les ennemis de la France, qui étoient perfuadés que les Finances étoient abandonnées comme infoutenables.

Le mauvais événement de la bataille d'Oudenarde, & la prife de Lille, firent retomber les affaires dans une nouvelle confufion & dans un embarras, dont avec raifon on pouvoit défefpérer de fe tirer.

Ann. Polit. II. part.   F f   Les

Les ordonnances pour les dépenses de l'année 1708. ont monté à la somme de deux cent deux millions sept cent quatre-vingt trois mille trois cent cinquante-quatre Liv.   202783354.

Il a été assigné sur divers fonds cent quatre-vingt-quatre millions quatre cent vingt-trois mille seize Livres. . . . . . .   184423016.

Partant reste à assigner dix-huit millions trois cent soixante mille trois cent trente-huit Liv.   18360338.

Les fonds ordinaires & extraordinaires de l'année 1708. & des précédentes ont produit depuis le 20. Février 1708. deux cent vingt neuf millions cinquante-neuf mille quatre cent soixante-sept Livres. . . .   229059467.

Dont il a été consommé pour les dépenses de l'année 1708. cent quatre-vingt-quatre millions quatre cent vingt-trois mille trente-six Livres. . . . .   184423036.

Reste   . . . .   Liv. 44636431.

Le détail de tous ces arrangements compose un gros volume.

A N.

A N N É E 1709.

La néceſſité de continuer la guerre fit penſer aux moyens de rétablir la confiance & de
faciliter la négociation des aſſignations qu'il falloit donner en payement aux Banquiers, Tréſoriers, Entrepreneurs, & autres, chargés de
fournir les dépenſes. On ſe propoſa d'ordonner que les aſſignations qui avoient été tirées par avance ſur les revenus de l'année,
ſeroient acquittées à leur échéance. Ce réglement fait par un arrêt du 19. Février 1709.
eut d'abord tout le ſuccès auquel on s'étoit
attendu. Les porteurs des aſſignations tirées par
avance, voyant leur payement aſſûré, ſe déterminérent à prêter aux Tréſoriers, aux Munitionnaires & autres, l'argent qu'ils recevoient
du payement de leurs aſſignations ; mais cette diſpoſition changea bientôt après. La ri-
gueur de l'hyver & la diſette des grains firent reſſerrer l'argent plus que jamais. Cependant il falloit pourvoir aux dépenſes de la
guerre, aſſûrer le prêt des troupes & leur ſubſiſtance, & remédier promptement à la cherté
des grains dans tout le Royaume.

Dans une ſi triſte ſituation, on n'avoit pas

F f 2

la

la liberté de choifir des moyens qui puffent fûrement & promptement produire l'argent néceffaire pour les dépenfes. Il fallut prendre ceux dont on s'étoit fervi dans les années précédentes, quoique le fuccès en fût fort douteux. On créa de nouvelles rentes fur l'Hôtel-de-Ville. On créa pareillement des augmentations de gages qui furent attribués à différents Officiers, & on en fit des traités particuliers, afin de s'affûrer des fonds comptants pour le payement des dépenfes.

Les expédients ordinaires de Finance auxquels d'abord on s'attacha, auroient été une foible reffource, fi par un bonheur auquel on ne s'attendoit pas, les vaiffeaux qui avoient été dans la Mer du Sud, n'étoient heureufement arrivés dans les Ports de France.

Leur chargement étoit très riche, & ils avoient dans leurs bords pour plus de trente millions de matiéres d'or & d'argent. On propofa aux intéreffés dans leur chargement, de porter aux Hôtels des Monnoyes toutes les matiéres, & d'en prêter au Roi la moitié, pour laquelle on leur donna des affignations fur les recettes générales, & l'intérêt à dix pour cent : l'autre moitié leur fut

payée

payée comptant, pour le payement des équipages des vaiſſeaux & de ce qu'ils devoient aux Marchands & autres qui leur avoient vendu les marchandiſes, dont ils avoient compoſé le chargement de leurs vaiſſeaux, pour être débitées au Pérou.

Les Billets de Monnoye ſubſiſtoient toujours & cauſoient un grand déſordre dans le commerce; il falloit travailler à les éteindre, ou ſe réſoudre à voir manquer entiérement le payement des troupes, & toutes les dépenſes néceſſaires à l'Etat.

On crut devoir profiter des matiéres qui ſe trouvoient en abondance dans les Hôtels des Monnoyes, pour faire une refonte générale & fabriquer de nouvelles eſpéces différentes en poids des précédentes; & il fut ordonné par Edit du mois de May de la même année 1709. que les loüis d'or fabriqués en vertu de l'Edit du mois d'Avril précédent, auroient cours pour vingt livres, au lieu de ſeize livres dix ſols, & les écus pour cinq livres, au lieu de quatre livres huit ſols.

A la faveur de cette augmentation, on ſe propoſa de remédier au mal que cauſoient les billets de monnoye.

F f 3   Pour

Pour cet effet, il fut ordonné, qu'il feroit reçû dans les Hôtels des Monnoyes cinq fixiémes en efpéces ou matiéres, & un fixiéme en Billets de Monnoye, pour être le tout payé comptant en nouvelles efpéces.

Quatre raifons principales déterminérent à faire la refonte générale.

La premiére étoit la facilité de pourvoir en efpéces nouvelles au payement comptant de celles qui feroient portées, les matiéres de la mer du Sud ayant fourni aux Hôtels des Monnoyes les fonds néceffaires.

La feconde, le retour qui fe feroit des efpéces de France qui avoient été portées dans les pays étrangers.

La troifiéme, le bénéfice qui s'y trouveroit pour le Roi.

Et la quatriéme, l'application de ce bénéfice à l'extinction des Billets de Monnoye.

Ces différentes difpofitions eurent un fuccès heureux : elles produifirent des fonds pour le payement des armées : elles engagérent les porteurs des Billets de Monnoye à mettre tout en ufage pour fe procurer cinq fois autant d'efpéces & de matiéres qu'ils avoient de billets de

mon-

monnoye & d'autres papiers, & rétablir la circulation des efpèces.

On pourvut en même tems à faire convertir en nouvelles efpéces dans la Monnoye de
Strasbourg, les anciennes efpéces qui avoient
été fabriquées en exécution de l'Edit du mois
d'Octobre 1704. pour avoir cours feulement
dans les Provinces d'Alface & de la Saare. On
fit auffi quelques traités pour le rachat de la
Capitation, & pour quelques autres affaires extraordinaires, jufqu'à la concurrence de trente
millions.

La plus importante affaire & celle qui donna plus de peine, fut celle de pourvoir à l'exceffive cherté des grains, pour en fournir la
quantité néceffaire pour la fubfiftance des armées.

On fit fur toutes les Provinces une impofition de cinq cent cinquante - fept mille neuf
cent facs de grains, qui furent voiturés avec
grande peine & beaucoup de rifques dans les
dépôts néceffaires pour les armées : le prix
en fut depuis trente jufqu'à quarante livres
le fac, qui ont été rembourfés en plufieurs
années fur les impofitions des Provinces qui les
avoient fournis ; & la dépenfe des vivres de

cette annéc a paffé quarante-cinq millions.

Il falloit auffi donner attention à la Ville de Paris & aux Provinces qui fe reffentoient de la difette des grains. On fit pour cet effet des marchés avec plufieurs particuliers pour en faire venir des Pays étrangers. Il y en eut un pour faire venir de Barbarie & des Ifles de l'Archipel, dans les ports de Toulon, Marfeille & Cette, cent vingt mille quintaux de blé froment, pour être enfuite conduit à Paris : On en fit un autre, pour tirer des blés du Nord par Dantzick.

Il y eut auffi divers traités pour faire venir des blés des Pays étrangers. On peut dire avec confiance, que ces attentions non feulement empêchérent l'exceffive augmentation du prix des grains, mais même qu'elles produifirent une diminution du prix auquel les grains avoient été portés, auffi-tôt qu'on fçut que ces traités avoient été faits.

Le malheureux état où étoit le Royaume pendant l'année 1709. ne doit pas facilement s'effacer de la mémoire des hommes : il falloit bien d'autres attentions pour encourager les fujets, & pour pourvoir à la fubfiftance de Paris. Le Roi fufpendit les exemptions des tail-

les

les accordées aux Officiers créés depuis le premier Janvier 1689. dont la finance étoit au-deffous de dix mille livres.

Sa Majefté par arrêt du mois d'Octobre 1709. accorda à fes peuples fur le brevet de la taille de 1710. une diminution de fix millions ; & peu de tems après, en fixant les impofitions de chaque Généralité, elle accorda encore une autre diminution de près de deux millions.

Le Roi diminua pareillement les droits d'entrée fur les bœufs & moutons & fur le vin.

Les Ordonnances expédiées pour les dépenfes de l'année 1709. montent à deux cent vingt-un millions cent dix mille cinq cent quarante-fept Livres. .   .   .   .   221110547.

Les fommes affignées montent à cent quatre vingt dix-neuf millions cent quarante-huit mille neuf cent vingt-fix Livres. . .   199148926.

Partant refte à affigner vingt-un millions neuf cent foixante-un mille fix cent vingt-une Liv.   21961621.

Pour payer ces dépenfes, les revenus ordinaires de 1709. n'ont produit que trente-huit millions cent foixante-deux mille huit cent vingt-

fept

ſept Livres. . . . . . . 38162827.

On a conſommé par avance ſur les revenus des années à venir, juſques & compris 1717. par des aſſignations anticipées, cinquante-deux millions ſept cent ſoixante un mille quatre-cent quatre Livres. . . . . . 52761404.

Pour fournir au ſurplus des ſommes aſſignées, on demanda pluſieurs avances, tant aux Fermiers des Poſtes & du tabac qu'à d'autres particuliers, qui montérent à ſept millions trois cent trente - ſept mille cent quatre-vingt-quinze Livres. . . . 7337195.

Et on tira le reſte des aſſignations des domaines & de la Ferme du controlle des actes, du rachat de la capitation des particuliers, & celle du Clergé, du prêt & droit annuel, & de divers traités, juſqu'à la concurrence de cent millions huit cent quatre-vingt-ſept mille cinq cent Livres. 100887500.

Total. . . . . Liv. 199148926.

Une

Une obſervation très importante à faire, eſt, que ces derniers fonds de l'aliénation du Controlle des actes des Notaires, du rachat de la capitation du Clergé, & du prêt & droit annuel, ne ſont entrés que dans le cours des années 1710. & 1711 ; & pour parler juſte, on fit ſubſiſter par une eſpéce de miracle, les armées & l'Etat en l'année 1709. au moyen des avances qui furent faites par les Fermiers, Receveurs & autres, qui prêtérent leur argent ou leur crédit, qui ont été rembourſés à meſure que ces différents fonds ſont rentrés.

On tira un grand ſecours du travail des monnoyes, qui produiſirent un fonds actuel de onze millions cinq cent ſept mille ſept cent ſoixante & treize livres, qui furent employées utilement pour le payement des troupes.

A N N E´ E   1 7 1 0.

Le détail des moyens dont on s'eſt ſervi pour les dépenſes des années 1708. & 1709. fait ſentir quelle devoit être la difficulté, pour ne pas dire l'impoſſibilité, de trouver de nouvelles reſſources pour les dépenſes de la guerre, qui continuoit avec plus de vivacité que jamais après la priſe de Tournai & le mauvais

évé-

événement de la bataille de Malplaquet qui fut fuivi de la prife de Mons.

Dans cette fituation, je propofai au Roi, au mois de Novembre 1709. de faire faire une régie par douze Receveurs Généraux, de plufieurs affaires extraordinaires, & d'établir une Caiffe dans laquelle feroient portés les fonds, tant des affaires extraordinaires dont ils pourfuivroient le recouvrement, que des fonds qu'on y pourroit faire.

Les Receveurs Généraux donnérent en cette occafion des preuves de bonne volonté pour le fervice. Ils déclarérent qu'en fe chargeant de la régie des affaires extraordinaires, ils ne prétendoient aucune remife ni bénéfice, & fe contenteroient des intérets des avances qu'ils pourroient faire, & qu'ils demandoient feulement, que les frais du Bureau de Paris & de ceux des Provinces fuffent payés par le Roi.

Ils établirent un Bureau à Paris avec un Directeur & un Caiffier : & pour donner du crédit à cette nouvelle forme de régie (laquelle prit d'autant plus de faveur, que le Public fort rebuté des Traitants, vit que les recouvrements feroient faits fans frais & fans profit pour ceux qui en auroient la direction) on fit entrer des

fonds

fonds dans ces caiſſes, qui en ſont ſortis pour fournir aux dépenſes; ce qui augmenta tellement le crédit de cette caiſſe, qu'on peut dire qu'elle a ſoûtenu l'Etat juſqu'en Avril 1715.

Les affaires extraordinaires dont les Receveurs Généraux furent chargés de faire la régie, & dont les fonds furent portés au bureau qui devoit être établi, furent.

1°. Le rachat du prêt & droit annuel.

2°. Un denier d'augmentation de réünie aux Receveurs généraux & aux Receveurs des tailles.

3°. Des taxations ou augmentations de gages attribués aux Officiers comptables.

4°. L'aliénation ou engagement du Controlle des actes des Notaires.

5°. L'affranchiſſement de la capitation du Clergé.

Tous ces fonds extraordinaires ont produit près de ſoixante-huit millions, ſans aucune remiſe ni deux ſols pour livre; & ces recouvrements ont été faits & remplis ſans aucuns frais contre les redevables.

On peut obſerver ici, que les affaires extraordinaires, régies par les Receveurs Généraux, ont produit quarante-trois millions huit cent

dix-

dix-fept mille deux cent quarante-fix livres ; dont la remife fur le pied du fixiéme & des deux fols pour livre, auroit monté à onze millions fix cent quatre-vingt dix-huit livres, qu'on a ménagées pour le Roi & pour les redevables.

Telle eft l'origine de cette Caiffe de régie dont la recette a été faite fur les quittances des Gardes du Tréfor Royal, & du Tréforier des revenus cafuels, pour en compter au Confeil feulement & à l'ordinaire, comme ont fait les traitants.

Ces arrangements pris, il fallut penfer à acheter des grains pour les vivres de l'armée.

Les Intendants eurent ordre de faire des marchés. On dreffa un état de ce qu'il en faloit, tant pour les troupes qui tiendroient garnifon pendant le quartier d'hyver, que pour les armées affemblées. Il montoit à fept cent trente-trois mille facs, qui coûtérent plus de trente-cinq livres le fac ; & cette dépenfe, avec les frais de voiture jufqu'aux magafins, paffoit vingt-cinq millions.

Les Munitionnaires ne furent chargés que des équipages pour la voiture des vivres aux armées, de la mouture des grains, façon,

cuif-

euiſſon, & diſtribution du pain, dont la dépenſe fut conſidérable par rapport à la cherté
des grains.

On peut remarquer combien l'excès du prix
des grains pendant les années 1709. & 1710.
a augmenté les dépenſes par comparaiſon aux
années précédentes.

Pendant cette année 1710. le Roi fit des a-
vances pour parvenir à la paix. Mr. le Maréchal d'Uxelles, & Mr. l'Abbé de Polignac furent envoyés à Gertruydenberg pour conférer
avec les Députés des Etats de Hollande.

On ſait que les Conférences n'eurent aucun
ſuccès: la guerre continua, & les ennemis
ayant aſſiégé & pris Doüai, Saint-Venant,
Bethune & Aire, il fallut travailler à rechercher de nouveaux moyens pour continuer la
guerre.

La ſituation de l'Etat ne pouvoit être plus
preſſante. L'épuiſement total des reſſources pra-
tiquées dans les Finances depuis vingt-deux
ans, faiſoit plus que jamais déſeſpérer de le
ſoutenir.

Dans cette extrémité, on demanda des Mémoires à diverſes perſonnes: pluſieurs des Receveurs Généraux & autres Financiers furent

ap-

appellés, & donnérent différents Mémoires ; il
falloit s'aſſûrer d'un fonds annuel pendant la
guerre, qui ne chargeât point les revenus du
Roi, comme tous les autres moyens dont on
s'étoit ſervi auparavant. Après un examen long
& exact, on ne put trouver d'expédient plus
convenable que d'établir le dixiéme du revenu
de tous les fonds, & généralement de tous les
biens.

L'impoſition en fut ordonnée par la déclaration du 7. Octobre 1710. Cette levée étoit un
reméde extrème & violent, & les ennemis de
la France ſe perſuadérent que l'établiſſement
en ſeroit impoſſible : mais ayant vû que tous
les ſujets ſe prètoient aux beſoins de l'Etat, &
qu'il ſe faiſoit paiſiblement & ſans réſiſtance,
ils regardérent le dixiéme, comme une reſſour-
ce inépuiſable pour la guerre.

On peut dire que c'eſt un des principaux
motifs qui ont déterminé les ennemis à faire la
paix : ils s'en ſont même aſſez expliqués, pour
ne laiſſer aucun lieu d'en douter.

On prit enſuite la réſolution d'annuller toutes les aſſignations qui avoient été faites, tirées par avance, & de les convertir en rentes
ſur l'Hôtel-de-Ville.

Les

Les ordonnances expédiées pour les dépenses de l'année 1710. ont monté à deux cent
vingt-cinq millions huit cent quarante-sept mille
deux cent quatre-vingt-trois Liv.   225847283.

Les sommes assignées jusqu'au
31. Décembre montent à la somme de   .   Liv. 185491039.

Il a été assigné
pendant   l'année
1714. pour lesdi-
tes dépenses . Liv. 2448781.

187939820.

Partant, restoit à assigner à
la fin de 1714. des dépenses de
1710. trente-sept millions neuf
cent sept mille quatre cent soi-
xante-trois Livres. . . . .   37907463.

La stérilité de l'année 1709. & les mauvai-
ses recoltes des années qui l'ont suivie, ayant
causé une grande diminution sur les revenus
du Roi, on ne put continuer de payer, comme auparavant, les arrérages des rentes cons-
tituées à l'Hôtel-de-Ville de Paris : on ne put
même payer que six mois d'une année.

Ce retardement donnoit lieu d'appréhender
quelque mouvement fâcheux des Rentiers.
Néantmoins le public, instruit qu'on employoit

Ann. Polit. II. part.   G g   exacte-

exactement tout le produit des Fermes pour payer les rentes, & qu'on fe donnoit des foins particuliers pour raffembler des fonds qui avoient été retenus dans les caiffes des Provinces, par des Commis auxquels on fit le procès, fe prêta aux befoins de l'Etat, & foufrit le retardement avec affez de foumiffion. On fut même obligé de retarder le payement des gages des Compagnies fupérieures.

La caufe de ce retardement a été connue. Il n'eft pas néanmoins inutile d'obferver, que le produit des Fermes Générales unies, qu'on eftimoit année commune quarante-fix millions au moins, n'a monté en 1709. qu'à trenteun millions, & en 1710. à quarante millions de livres.

ANNE'ES 1711. & 1712.

L'explication des fonds qui ont fervi aux dépenfes des années 1708. 1709. & 1710. fait connoître fenfiblement quelle étoit la difficulté de trouver des reffources fuffifantes, pour continuer d'auffi grandes dépenfes que celles qui ont été faites pendant ces trois années. L'établiffement du dixiéme donnoit de grandes efpérances; mais l'événement a juftifié, que le

re-

recouvrement des plus fortes années n'a pas monté à vingt-quatre millions.

Le dixiéme des penſions & autres dépenſes qui ſe payoit au Tréſor Royal, ſujettes à la retenue du dixiéme, opéroit une diminution des dépenſes, mais ne produiſoit pas un fonds préſent pour celles qu'il faut payer actuellement.

Il faloit donc penſer à aſſûrer des fonds qui puſſent entrer ſucceſſivement dans les caiſſes.

C'eſt le motif qui fit ordonner par la déclaration du mois d'Octobre 1710. la converſion de toutes les aſſignations tirées par avance ſur les revenus de 1711. 1712. & 1713. pour ôter tous les papiers qui empêchoient la circulation de l'argent.

On ordonna auſſi par la même déclaration, la converſion en rentes, tant des Billets de Monnoye qui ſubſiſtoient encore, & des promeſſes à cinq ans, faites au lieu de Billets de Monnoye annullés, que des billets d'emprunts faits par les Tréſoriers de l'extraordinaire des guerres, & les Adjoints qui leur avoient été donnés pour ſoûtenir leur crédit, & des billets de ſubſiſtance donnés aux Officiers des trou-

pes,

pes, & généralement des autres papiers qui exiſtoient alors.

La refonte des eſpéces ordonnée en 1709. avoit déja procuré l'extinction de plus de quarante millions de Billets de monnoye & d'autres papiers.

On rendit libres par ce moyen, les fonds qui avoient été conſommés d'avance ſur les années 1711. 1712. & 1713.

On compta avec les Receveurs Généraux des Finances, & on viſa leurs aſſignations, pour reconnoître ce qu'ils devoient de ces trois années.

Ces diſpoſitions, quoique bonnes & néceſſaires, cauſérent un diſcrédit total aux aſſignations; de ſorte que, pour avancer les dépenſes de 1711. & même de 1712. on fut obligé de faire remettre à la caiſſe des Receveurs Généraux, tenuë par le Sieur Le Gendre, laquelle s'étoit accréditée par les fonds qui y entroient journellement, des aſſignations ſur les Receveurs Généraux pour les fonds reſtants libres de la taille & de la capitation, & pour l'avance de dix-huit millions de livres, qu'on engagea les Receveurs Généraux de faire, ſur le produit du dixiéme des biens-fonds, tant du

quar-

quartier d'Octobre 1710. que de l'année entiére 1711.

Ce produit étoit alors très incertain, & n'a
pû monter dans les dix-neuf Généralités taillables à quatorze millions.

Les Gardes du Tréfor Royal ont remis, en
exécution de ce projet, les affignations au
Sieur Le Gendre fur fes récépiffés, portant promeffe de leur en payer la valeur en argent ou
en quittances à leur décharge, ce qui a été
réguliérement exécuté entre les Caiffiers du
Tréfor Royal & le Sieur Le Gendre.

Il eft néceffaire d'obferver, qu'au commencement de cette année 1711. le Roi ayant réfolu d'affembler l'armée avant qu'il y eût de
l'herbe pour fourager, il donna fes ordres pour
faire des magazins de fourages fecs, qui puffent
faire fubfifter les chevaux de la cavalerie pendant fix femaines : & cette dépenfe extraordinaire qu'il fallut payer comptant, outre le courant des autres dépenfes, a monté à trois millions cinquante mille livres, fuivant l'ordonnance qui en a été fignée par le feu Roi.

Pour procurer avec folidité des fonds actuels
à la caiffe de régie, tant pour cette dépenfe
de fourage que pour les autres, on obligea les

Receveurs Généraux de payer en argent à la caiffe de régie, le montant des affignations des premiers mois de leurs exercices, & de faire leurs billets pour les derniers mois; ce qui a été réguliérement exécuté.

Les billets des Receveurs Généraux étant faits pour des termes peu éloignés, furent négociés à un intérèt médiocre; & on évita par ces arrangements, les excomptes qu'il auroit fallu paffer aux Banquiers & aux Fourniffeurs, fi on leur avoit donné les affignations à négoeier, comme on avoit fait en d'autres années.

On fit de plus entrer dans cette caiffe, fuivant le premier projet, fans Traitans ni remifes, & fans frais que ceux de la régie, les dons gratuits des villes, & le doublement des Infpecteurs des boiffons & des octrois, qui ont produit de net, trois millions foixante-huit mille foixante-cinq livres.

Pour augmenter les fonds néceffaires à fournir aux dépenfes toûjours preffantes, on accepta fuivant l'ordre du feu Roi, quelques avances propofées par divers particuliers en argent, avec une partie en papiers; ce qui procura un fonds actuel de cinq millions deux cent foixante mille Livres.

Le

Le papier accepté ne monta qu'à huit cent vingt-trois mille livres, qui a été rembourfé en affignations fans intérèts.

Le feu Roi ayant convoqué une affemblée du Clergé dans cette même année 1711. pour l'établiffement du dixiéme, le Clergé propofa de donner au Roi huit millions pour en être déchargé, & cette offre fut acceptée.

Tous ces fonds ont produit près de cent millions, qui ont fervi aux dépenfes des années 1711. & 1712.

L'Ordre de Malthe & le Clergé des Evêchés de Metz, Toul, Verdun & Perpignan, ont donné cent quarante-deux mille livres pour être déchargés de l'établiffement du dixiéme.

La Province d'Alface & la ville de Straf-bourg, deux millions neuf cent foixante-treize livres, pour en être pareillement déchargées.

Voila ce qui a été fait pour l'établiffement & pour la décharge du dixiéme.

L'établiffement du dixiéme ne permettoit plus de faire des traités, ni autres affaires extraordinaires. Il faloit néanmoins d'autres expédients pour avoir de l'argent.

On créa par un Edit du mois de Janvier 1712. des charges d'Infpecteurs des Finances,

        aux-

auxquelles on avoit attribué des gages & des frais d'exercice.

Pour en affûrer le payement, on avoit ordonné par arrêt du 26 Janvier, une impofition de trois deniers pour livre pour augmentation fur le total de la taille, qui devoit produire quatre cent dix mille livres par an.

Les charges n'ayant point été levées, on propofa de faire ufage du produit de ces taxations, & de créer des rentes fur les tailles au denier douze, pour le rembourfement defquelles trois cent mille livres par an; & ce rembourfement devoit être fait de fix mois en fix mois.

Ces rentes ne devoient pas être perpétuées; elles devoient s'éteindre dans le cours de treize années. D'ailleurs, pour leur donner plus de crédit, on jugea qu'il ne faloit point les confondre avec les autres rentes de l'Hôtel-de-Ville.

Ces motifs determinérent à propofer un homme de bonne réputation & connu du public, pour faire la recette du principal, payer les arrérages d'année en année, & faire dans les tems prefcrits les rembourfements.

Le Sieur Belanger Tréforier du Sceau fut
choi-

choifi pour cette fonction. L'Edit du mois de Juin 1712. portant création de cinq cent mille Livres de rentes à prendre par préférence fur tous les deniers des tailles comme le Sieur Belanger pour faire des principaux de la conftitution, celle des fonds deftinés pour payer les arrérages & pour faire les rembourfements.

Par le même Edit, le Sieur Belanger eft chargé de remettre aux Gardes du Tréfor Royal, les fonds de la conftitution, les quittances du payement des arrérages & des rembourfements, pour en compter par eux à la Chambre des comptes.

Il reftoit encore des Billets de monnoye & des billets à cinq ans. Il avoit été ordonné par arrêt du 30. Novembre 1711. qu'ils demeureroient éteints & de nulle valeur au premier Mars 1712.

Par arrêt du 6e. Février de la même année 1712. il fut permis pendant le refte de ce mois, de les porter en rentes à la tontine en fourniffant moitié en argent.

Plufieurs Négocians ayant eu avis de l'arrivée d'une quantité de matiéres d'argent qu'ils n'avoient pû faire porter aux Monnoyes avant la diminution refolüe pour le premier Février,

on

on leur accorda par cinq arrèts, le mème prix qui avoit été fixé avant le premier Février, & leurs matiéres furent reçuës avec profit pour eux, jufqu'au premier Janvier 1713.

Enfin, au mois de Décembre 1712. le Roi pour avancer la converfion des efpéces & matiéres qui reftoient à porter aux Hôtels des Monnoyes, abandonna le profit de la converfion, & ordonna par un arrèt du 6ᵉ. Décembre 1712. que les anciennes efpéces & matiéres y feroient payées fur le pied de toute leur valeur.

Les ordonnances pour les dépenfes de l'année 1711. ont monté à la fomme de deux cent foixante-quatre millions douze mille huit cent quatre-vingt-une Livres.   . .   264012881.

Mais attendu qu'entre ces ordonnances il y en avoit une de quarante-fix millions cent foixante-cinq mille quatre-vingt quatorze Livres, pour la remife des exercices précédents, qui n'apporte ni recette ni dépenfe actuelle, il faut les déduire.   . . . .   Liv. 46165094.

Partant refte   . . . .   Liv. 217847787.
Liv.

. . . . Liv. 217847787.

A quoi fe trouvent monter toutes les ordonnances de dépenfes
actuelles pour l'année 1711.

Il a été affigné à compte def-
dites dépenfes jufqu'au 1. Décembre 1713. cent foixante-fept millions foixante & feize mille cinq
cent quatre-vingt-deux Livres. .   167076582.

Partant il reftoit à affigner en
1714. & 1715. pour lefdites dépenfes , cinquante millions fept
cent foixante & onze mille deux
cent cinq Livres. . . . . . Liv. 50771205.

On ne détaille point tous les fonds qui ont
été confommés pour les dépenfes des deux années 1711. & 1712, afin d'éviter une explication qui feroit trop longue. Si on fouhaitoit
de la voir, on la trouveroit dans les volumes
qui ont été faits pour chacune de ces années ,
qui contiennent les recettes de toute nature ,
& pareillement les dépenfes ordonnées & faites
pendant ces mêmes années.

Les ordonnances expédiées pour les dépenfes
de l'année 1712. ont monté à deux cent qua-

rante

rante millions trois cent soixante & dix-neuf mille neuf cent quarante-sept Liv. 　240379947.
Les sommes assignées jusqu'au 31. Décembre montent à deux cent deux millions quatre cent trois mille quatre-vingt-dix-neuf Liv. 　202403099.

Partant, restoit à assigner pour lesdites dépenses pendant les années 1714. & 1715. trente-sept millions neuf cent soixante & seize mille huit cent quarante-huit Livres. . . . . 　37976848.

Anne'e 1713.

On a vû par le détail des expédients de finances auxquels on a été obligé d'avoir recours pendant les années précédentes, que des moyens forcés, pour fournir à des dépenses immenses, épuisoient toûjours de plus en plus les ressources de l'Etat. Cependant la guerre continuoit : il faloit de nécessité faire de nouveaux projets pour les dépenses de la campagne de 1713.

On avoit fait différents arrangements pour donner du crédit aux assignations en exécution de la déclaration du 12. Septembre 1711. dans l'es-

l'efpérance d'une paix prochaine. On fe propofoit de mettre les chofes dans la régle ordinaire, & de faire payer par des Gardes du Tréfor Royal, directement les Tréforiers de l'extraordinaire des guerres & autres, partie en
argent ou en affignations, tant fur les fonds
reftants libres des années 1712. & 1713, que
par avance fur les années 1714. & 1715.

Ce projet ne put être exécuté entiérement;
on fut obligé d'avoir recours aux Banquiers,
pour continuer à faire des remifes pour le payement des troupes : Ils prirent occafion de demander des excomptes & des intérèts fur les
affignations qui leur avoient été remifes par les
Gardes du Tréfor Royal.

On s'appliqua à rechercher les moyens d'é-
viter cette perte, & fur un Edit du mois de
Janvier 1713. portant affranchiffement de tailles, que dans la fuite on ne jugea pas à propos d'exécuter, on engagea les Receveurs Généraux de faire deux avances, montant à neuf
millions fix cent huit mille trois cent vingt livres, dont ils ont été rembourfés fur les recouvrements ordinaires.

On fit convertir les affignations données
aux Tréforiers & aux Banquiers, en billets de
Re-

Receveurs Généraux pour le total ou pour les deux tiers au moins, afin d'éviter les excomptes & les gros intérêts.

On avoit fait des traités pour les vivres, & on avoit dépofé dans les places frontiéres de Flandres, pour deux cent trente mille livres de grains, & à proportion en Alface & en Dauphiné.

La paix avec l'Angleterre, les Etats de Hollande, la Pruffe, & le Roi de Sicile, fut fignée le onziéme Avril; mais la guerre continuoit avec l'Empereur & l'Empire. Il fallut porter toutes les forces fur le Rhin. On prit Landau & Fribourg : mais il fallut faire une nouvelle dépenfe pour faire paffer en Alface les bleds dépofés dans les magafins de la frontiére de Flandres, & en acheter du côté d'Alface , pour faire fubfifter plus de cent cinquante mille hommes pendant la campagne. Il fallut auffi trouver de nouveaux fecours d'argent. On aliéna au Prévôt des Marchands & Echevins de Lyon , le tiers des droits de la ferme du tiers-fur-taux & quarantiéme de Lyon & autres en dépendants , moyennant deux millions cent foixante mille livres, qui furent payées en argent.

La

La création de cinq cent mille livres de rente fur les tailles au denier douze avoit réüffi,
& les fix millions de livres auxquelles montoit
le principal, avoient été payées en argent. Cette conftitution étoit une efpéce d'emprunt : le
capital devoit être rembourfé en treize années.
On avoit engagé le Clergé en 1710. & 1711.
à faire de pareilles conftitutions, pour le rachat de la fubvention ou capitation & du dixiéme. Le public s'étoit porté avec empreffement pour en faire l'acquifition.

Ces raifons déterminérent à faire une deuxiéme aliénation de cinq cent mille livres, &
fur les deux fols pour livre de la taille, par un
Edit du mois de Juillet 1713 ; elle fut bientôt
rémplie.

On en fit une troifiéme au mois d'Avril, qui
fut remplie avec empreffement.

Il eft facile de comprendre, combien tous
ces expédients étoient encor éloignés de fournir les fonds néceffaires pour les dépenfes. On
propofa de créer un million deux cent cinquante mille livres de taxations fixes & héréditaires
à prendre fur les tailles, pour être attribuées
aux Officiers des bureaux des Finances & des
Elections, aux Subdélégués des Intendants,

&

& aux Maires & autres Officiers des rôles des tailles. Il y eut un Edit au mois d'Octobre 1713. qui en ordonna la création ; & fur cet Edit, il fe fit des emprunts pour quatorze millions à cinq pour cent fur les billets du Sieur Le Gendre endoffés des Receveurs Généraux.

La paix étoit faite avec une partie des Puiffances ennemies ; & quoique la guerre continuât avec l'Empereur & l'Empire, on efpéroit avec raifon, qu'elle feroit bientôt terminée, & que la paix deviendroit générale. Il faloit penfer à deux chofes bien différentes, foutenir la guerre & travailler aux arrangements & aux projets néceffaires pour rétablir les Finances quand la paix feroit concluë. On a vû les principales opérations faites pour foutenir la guerre : Voici celles qui ont été commencées dans le cours de cette année, dans la vuë de rétablir les Finances après la paix.

Le Roi fit ceffer l'aliénation des Domaines ; la liberté de commerce fut rétablie avec l'Angléterre & la Hollande, & les vaiffeaux de cette Nation furent déchargés du droit de fret, qui fe payoit à raifon de cinquante fols par tonneau du port des vaiffeaux.

Le

Le Roi fupprima le doublement des droits attribués aux Infpecteurs des boucheries qui montoit à trois livres par bœuf, & pour les autres beftiaux à proportion.

Il fupprima auffi le doublement des Infpecteurs des boiffons, qui fe payoit à raifon de vingt fols par muid.

On fit des fermes des premiers droits établis avant le doublement, dont le produit devoit en certain nombre d'années r'acquitter toutes les finances qui avoient été payées pour l'engagement des premiers droits & du doublement.

On fupprima le doublement des péages qui étoit fort à charge au commerce; & pour rembourfer les affignations tirées fur deux traités qui avoient été faits pour la joüiffance du doublement des péages, on fit une ferme des droits fur les huiles qui avoient été aliénés, & le produit en fut deftiné pour acquitter les affignations reftantes à payer du traité du doublement des péages, & la finance de l'aliénation des droits fur les huiles.

Le Roi ordonna une diminution de trois livres fur le prix de chaque minot de fel vendu dans les greniers des Gabelles de France & de

Dauphiné ; & ce à commencer du premier Octobre 1713.

Le controlle des actes des Notaires, depuis son établissement, avoit été incertain ; il avoit reçû divers changements en 1708. Il avoit été affermé deux millions deux cent mille livres par an, & il avoit été fait une avance de deux cent quarante mille livres en faisant le bail. Cette ferme fut aliénée en 1710. pour les besoins de l'Etat.

En 1713. on proposa de la réünir, & d'en faire un bail de trois millions par an pour le remboursement des Adjudicataires. On créa sur la nouvelle ferme cent cinquante mille livres de rente au denier seize, & on destina neuf cent mille livres du produit de la ferme, pour faire chaque année des remboursements de capitaux.

Tous ces arrangements paroissoient d'autant plus avantageux, qu'étant faits pendant que la guerre continuoit, ils ne causoient néanmoins aucun obstacle aux affaires qui avoient été faites pour soutenir la guerre, & qu'en supprimant ou réünissant, on trouvoit dans la matiére même le fonds pour rembourser ce qui étoit dû par le Roi, & pour augmenter considéfidérablement fes revenus après l'acquittement des dettes.

Les rentes de l'Hôtel-de-Ville avoient été beaucoup augmentées, pour faire le fonds nécessaire pour retirer les billets faits pour le service de l'Etat, qui donnoient lieu à de groffes ufures & nuifoient au commerce.

La ftérilité de l'année 1709. & les mauvaifes années qui l'ont fuivie, ayant caufé, comme il a été remarqué précédemment, une grande diminution fur les revenus du Roi, on ne put continuer, comme auparavant, le payement des arrérages : on ne put même payer que fix mois dans une année, enforte qu'il étoit dû deux années à la fin de 1713.

Le Roi jugea à propos, pour affûrer l'état des Rentiers, & diminuer le cours des arrérages, d'en rétablir le payement tous les fix mois comme avant 1709.

L'Edit du mois d'Octobre 1713. ordonna que toutes les rentes de l'Hôtel-de-Ville feroient converties en nouveaux contracts de rente au denier quinze, diftinguant les rentes acquifes à prix d'argent avant le premier Janvier 1702. dont le principal eft confervé en entier, & les deux années d'arrérages jointes pour le capital des nouveaux contraĉts.

A l'égard des rentes acquifes depuis le mois d'Avril 1706. comme elles procédoient des billets de monnoye, billets à cinq ans & autres effets, l'Edit les a reduites aux trois cinquiémes, auxquelles on joignit les deux années d'arrérages.

Cet arrangement caufa un grand murmure; mais il a été exécuté exaĉtement, & auroit été bien plus difficile, fi on avoit attendu que la paix eût été générale. Il a produit une diminution de près de quatorze millions du fonds qu'il auroit fallu pour payer tous les ans à l'Hôtel-de-Ville : Il a affûré le fort des Rentiers ; & par le retranchement des deux cinquiémes, il a produit une décharge pour l'Etat d'environ cent trente-cinq millions.

Le réglement des rentes a été fuivi de diverfes fortes d'autres réduĉtions, & a fervi de régle & de bafe à ceux qui ont fuivi.

Les ordonnances expédiées pour les dépenfes de l'année 1713. ont monté à la fomme de deux cent onze millions fix cent quatre-vingt dix-fept mille fix cent foixante & douze Livres. . . . . 211697672.

Les

. . . . Liv. 211697672.

Les fommes affignées jufqu'au
31. Décembre 1713. montent à
cent foixante dix - huit millions
trois cent quatre-vingt trois mil-
le neuf cent cinquante-deux Liv.   178383952.

Partant reftoit à affigner fur la
fin de 1713. trente-trois millions
trois cent treize mille fept cent
vingt Livres. . . . .   33313720.

Les fommes affignées pour les dépenfes de
1713. pendant le courant de l'année ont monté à celle de cent quarante - fept millions quatre cent quatre - vingt dix - huit mille foixante
Livres. . . . .   147498060.

Celles affignées pour les mêmes
dépenfes dans le courant de 1714.
à trente millions huit cent quatre-
vingt-cinq mille huit cent quatre-
vingt-douze Livres. . . . .   30885892.

Total : cent foixante-dix - huit
millions trois cent quatre - vingt-
trois mille neuf cent cinquante-
deux Livres. . . . .   178383952.

Le détail des fonds qui ont été affignés,

H h 3   eft

eſt rapporté dans un volume fait pour en avoir une connoiſſance exacte, & pareil à ceux des années précédentes.

A N N E' E S 1714. & 1715.

Il n'y eut point d'armées en campagne **en** 1714. mais la dépenſe des troupes a continué comme pendant les années précédentes. Le Traité conclu à Raſtat le 6ᵉ. Mars fut ſuivi du Congrès à Bade, où le traité ſolemnel de paix entre le Roi, l'Empereur, & l'Empire, fut ſigné le ſepriéme de Septembre, & les ratifications échangées le vingt-huitiéme du mois d'Octobre ſuivant.

Pendant toute l'année, il fallut, comme dans les précédentes, ſans aucun fonds préſent & par induſtrie, pourvoir à la dépenſe des troupes & de tout l'Etat.

Le ſeul expédient dont on put ſe ſervir pour commencer les dépenſes de l'année, fut de faire uſage de l'Edit du mois d'Octobre 1713. par lequel il avoit été attribué un million deux-cent cinquante mille livres de taxations aux Officiers des Bureaux des Finances & des Elections, & à pluſieurs autres Officiers, qui de-

devoient produire une finance de quinze millions.

Pour épargner au Roi la remise du sixiéme, & aux particuliers les deux sols pour livre en déhors, & les frais ordinaires des Traitants, Sa Majesté agréa de remettre ce recouvrement en régie par les Receveurs Généraux, à la caisse du Sieur Le Gendre.

Pour procurer des fonds plus promptement & par avance, il lui fut ordonné de faire ses billets à différentes échéances, & aux Receveurs Généraux de les endosser ; ils ont été négociés à cinq pour cent d'intérêt.

On engagea les Receveurs Généraux de faire une avance d'onze millions cinq-cent soixante mille livres sur 1714.

Les billets du Sieur Le Gendre endossés par eux, furent aussi négociés à cinq pour cent d'intérêt.

Ces deux parties produisirent un crédit de vingt-neuf millions.

Au mois de Mars, le Roi fit une nouvelle création de cinq-cent mille livres de rente sur les tailles, & spécialement sur les deux sols pour livre qui avoient été imposés par trois déclarations de 1705. 1706. & 1707. avec une desti-

na-

nation de trois cent mille livres pour faire des remboursemens : ç'a été la quatriéme constitution de cette nature, qui produisit promptement un fonds de six millions.

Il avoit été donné plusieurs assignations depuis la déclaration du septiéme Octobre 1710.

Il en restoit d'autres tirées précédemment pour le service.

Différents particuliers proposérent de prendre pour le remboursement de ces assignations, partie en billets du Sieur Le Gendre non endossés , payables en argent à diverses échéances; partie en ses billets payables en promesses des gabelles, & en rente viagère au denier douze.

Ces propositions raportées au Roi , ayant paru avantageuses , il fut ordonné au Sieur Le Gendre de faire ses billets en exécution payables sans intérêt.

Il étoit dû à Madame Royale de Savoye , aux Electeurs de Baviére & de Cologne , aux Sieurs Bernard & Hoguer , & à d'autres Banquiers ; ils proposérent de les assigner sur la Caisse du Sieur Le Gendre. Les assignations furent tirées par le Trésor Royal. Le Sieur

Le

Le Gendre eut ordre de faire fes billets fans intérêts.

Il en fit d'autres pour partie de ces affigna-tions, payables en promeffes des gabelles & rentes viagéres.

Le Sieur De Meuve Banquier, fit une avance de fix millions pour les troupes, pour la va-leur defquelles le Sieur Le Gendre lui fit fes bil-lets avec intérêt.

Plufieurs Banquiers, Agents du Clergé, & divers particuliers, ayant propofé de faire des avances, partie en argent, & partie en affi-gnations, tirées depuis la déclaration du fep-tiéme Octobre 1710. on accepta différentes pro-pofitions, on en rejetta un plus grand nom-bre, parce qu'on n'accepta que celles qui pa-rurent les plus avantageufes pour le Roi & les moins utiles aux propofants; le Roi même s'expliqua nettement fur ces propofitions, & dit, que fi les propofants trouvoient quel-que profit fur le papier, c'étoit au moins un bien pour fon fervice, de trouver de l'argent pour les dépenfes, & d'acquitter en même tems des dettes.

Il faut obferver, qu'à l'égard de toutes les avances faites, partie en argent & partie en

pa-

papier, on n'a donné dans les intérêts que pour l'argent, & on n'en a point paſſé ſur le papier.

On ſe propoſoit d'acquitter les dettes du Sieur Le Gendre non endoſſées, des fonds qu'on feroit entrer dans ſa caiſſe, & on auroit exécuté ce projet ſi le tems & les circonſtances l'avoient permis.

On fit entrer dans la caiſſe du Sieur Le Gendre tous les fonds dont on put s'aider pour les beſoins des Troupes & de l'Etat : entre autres celui d'un million ſix cent mille livres deſtiné pour le rembourſement des payements des rentes, qui étant reſté inutile entre les mains du Sieur Le Gendre, auroit diminué du tiers, par les rabais indiqués du prix des eſpéces.

Des Fermes unies, un million fut employé pour le comptant du Roi, & autres dépenſes preſſées & privilégiées.

Si on entre dans les attentions que demandoit la ſituation fâcheuſe des finances, on conviendra de deux choſes.

La premiére, qu'étant réduit aux ſeuls emprunts pour la manutention de l'Etat, il falloit

un

un autre canal que celui des Gardes du Tréfor Royal pour faire les négociations.

La deuxiéme, qu'on y a aporté toute l'œconomie & tous les ménagements poffibles par rapport au tems & aux conjonctures des affaires générales.

On peut ajoûter, que cette caiffe a été dirigée avec tant de foins & d'arrangement, que par le crédit qu'on lui avoit donné, on a fourni aux dépenfes néceffaires de l'Etat depuis le premier Janvier 1710. jufqu'au mois d'Avril 1715. & que les efforts qu'il fallut faire pour trouver les fonds promis, & qui furent délivrés à la fin de Mars 1715. pour les dépenfes qu'on va expliquer, dans un tems où l'argent commençoit à être fort refferré, ont été la caufe, que le crédit de cette caiffe eft tombé, & qu'on n'a pû relever dans l'efpace de quatre mois, qui fe font écoulés jufqu'à la mort du Roi.

Les dépenfes extraordinaires, faites aux mois de Mars & d'Avril, pour les arrérages du fubfide otdinaire de l'Electeur de Baviére.
deux millions fix cent mille
Livres. . . . . 2600000.
Liv.

. . . . Liv. 2600000.

Celui de Cologne deux cent mille Livres. . . . . . . 200000.

Le subside extraordinaire de Baviére pour le traité de 1714. deux millions. . . . . 2000000.

Le subside de Suéde neuf cent mille Livres. . . . . . 900000.

Total : cinq millions sept cent mille Livres. . . . . . 5700000.

Les Ordonnances signées par le Roi pour les dépenses de 1714. ont monté à deux cent treize millions cinq cent vingt-neuf mille six cent trente livres. . . . 213529630.

Il a été assigné pendant ladite année quatre-vingt dix-sept millions deux cent quatre-vingt-quatre mille neuf cent quarante-huit Livres. 97284948.

Partant reste à assigner cent-seize millions deux cent quarante-quatre mille six cent quatre-vingt-deux livres. . . . . 116244682.

Les changements arrivés par la mort du Roi, n'ont pas permis de rendre le travail parfait pour l'année 1714. & les huit premiers mois de 1715.

1715. tous les Régiſtres ayant été remis aux perſonnes qui ont été prépoſées pour l'adminiſtration des Finances.

Les dépenſes faites & ordonnées par le feu Roi pendant ſept années, commencées le premier Janvier 1708. & finies le 31. Décembre 1714. ont monté à la ſomme d'un milliard cinq cent trente-trois millions deux cent un mille cent ſoixante & ſeize Livres.   . . 1533201176.

Ce qui revient année commune à deux cent dix - neuf millions vingt-huit mille ſept cent quarante Livres.   . . . . 219028740.

Les revenus ordinaires, joints au dixiéme & à la capitation, n'ont produit, année commune, déduction faite des charges ordinaires, que ſoixante & quinze millions   .   75000000.

Sur ce pied, il manquoit tous les ans pour remplir toutes les dépenſes, cent quarante - quatre millions vingt - huit mille ſept cent quarante Livres.   . . .   144028740.

Ce qui fait la ſomme de deux cent dix-neuf millions vingt-huit mille ſept cent quarante Livres.   219028740.

De ſorte que pour trouver le fonds entier

des

des sept années, il falloit un milliard, huit millions deux cent un mille cent quatre - vingt Livres . . . . 1008201180.

Tous les expédients d'avances, d'assignations anticipées sur les années à venir, le benéfice de la refonte des monnoyes, les rachats de la capitation & du dixiéme du Clergé, le rachat d'autres dixiémes, & l'affranchissement des capitations de diverses compagnies, & de plusieurs particuliers, les aliénations, les constitutions de rente, les traités & autres expédients, n'ont pû produire que six-cent quatrevingt onze millions six-cent soixante mille trois cent soixantehuit Livres. . . . . . . 691660368.

De sorte qu'il est resté dû à la fin de 1714. trois cent seize millions cinq cent quarante mille huit cent douze Livres. . . . 316540812.

En exécution de la déclaration du septiéme Septembre 1715. portant que tous les billets faits

faits pour le fervice de l'Etat, feront rapor-
tés pour en faire la vérification & la liquida-
tion ; les propriétaires de tous ces billets
les ont repréfentés à Mrs. les Commiffaires du
Confeil, & par la récapitulation de tous ceux
qui ont été vifés depuis le vingtiéme Décembre 1715. jufqu'au trente - un Janvier 1716. il
s'eft trouvé,

En promeffes de la caiffe des
emprunts. .   .   .   .   .   . Liv. 147635073.

En billets du Sieur Le Gen-
dre. .   .   .   . Liv.   32284961.
                                  ————————————
.   .   .   . Liv. 179920034.

En ordonnances fur le Tréfor Royal .   Liv. 229939382. ⎱
En affignations   ⎰ 311894388.
de même. . Liv. 81955006 ⎰

En Billets de l'extraordinaire
des guerres. . Liv. 52319513. ⎱
En Billets de la   ⎰ 61280208.
Marine. . . Liv. 8960695. ⎰

Total : cinq cent cinquante trois
millions quatre - vingt quatorze
mille fix cent trente Livres. .   . 553094630.
Sur quoi il faut déduire les deux

dem

. . . . Liv. 553094630.

derniers articles accollés, attendu qu'ils font partie des Ordonnances ou des affignations fur le Tréfor Royal, & que fi les Tréforiers en étoient payés ils acquitteroient leurs billets. Liv.　61280208.

Partant il ne faut compter les billets vifés, que pour quatre-cent quatre-vingt - onze millions huit cent quatorze mille quatre-cent vingt-deux Livres. . . . 491814422.

Les dettes en papier qui exiftoient au 20ᵉ. Février 1708. montoient à quatre cent quatre-vingt deux millions, huit cent quarante-quatre mille foixante une Liv. 482844061.

Ainfi les billets pour le fervice de l'Etat, fubfiftants au premier Septembre 1715. n'excédent les dettes en papier reconnuës en 1708. que de huit millions neuf cent foixante - dix mille trois cent foixante - une Livres. . . . . . 8970361.

Somme égale à celle des billets vifés. . . . . . Liv. 491814422.

On

On peut même faire une obfervation, que fur les trente-deux millions deux cent quatre-vingt-quatre mille neuf cent foixante-une Livres à quoi montoient les billets du Sieur Le Gendre, il y en a pour près de quatre millions payables en rentes viagéres ou en promeffes des gabelles.

Il s'enfuit de l'expofition de toutes les dépenfes faites pendant fept années ;

1°. Qu'il n'a pas été poffible de les acquitter entiérement :

2°. Que la comparaifon des papiers fubfiftants au premier Septembre 1715. avec ceux qui exiftoient au premier Janvier 1708. prouve évidemment l'oeconomie & l'arrangement avec lefquels les Finances ont été adminiftrées pendant ces fept années.

3°. Les dépenfes ont été plus fortes que pendant les années précédentes, à caufe de la ftérilité de l'année 1709.

4°. La gelée des oliviers, des noyers, des chataigniers & des autres arbres portants fruits, a été ineftimable pour les Provinces qui en ont fouffert.

La mortalité des beftiaux, les maladies populaires, & les débordements des riviéres, ont caufé des pertes ineftimables.

Ces accidents avoient mis les peuples hors d'état d'acquitter toutes les impofitions ordi_ naires & extraordinaires.

Le feu Roi en étant bien informé , jugea qu'il faloit accorder des décharges d'une partie des impofitions. On les a expliquées.

Outre ces décharges, le feu Roi fit remettre des fommes d'argent affez confidérables aux Evèques & aux Intendants pour affifter les pauvres.

Ces décharges & les fonds remis, ont diminué d'autant les fonds dont on avoit befoin pour les dépenfes de l'Etat.

5°. On n'a pas laiffé d'éteindre & de fupprimer , nonobftant ces malheurs, les Billets de monnoye, & d'autres papiers & dettes reconnues au premier Janvier 1708 : & après avoir foutenu la dépenfe de fept campagnes remplies de mauvais événements, il ne s'en eft trouvé au premier Septembre 1715. que pour une fomme prefque égale au premier Janvier 1708.

6°. Toutes les dépenfes ordonnées par le Roi ont été réglées fans être concertées avec le Controlleur Général : celles de la guerre, de la marine ,

rine, & des penfions, entre le Roi & Meffieurs les Sécrétaires d'Etat, chacun pour leur département.

Le Controlleur Général étoit chargé de trouver des fonds par tous les moyens, pour fournir aux dépenfes. Etoit-il maître de refufer ou d'abandonner fa place? On fe rapporte à ceux qui ont vû de près le gouvernement paffé, de rendre fur cet article la juftice qui eft duë à celui que le Roi avoit choifi pour un fi pefant & fi difficile Miniftére.

Une réflexion bien plus forte, & à laquelle il n'y a point de réplique, eft, que la guerre étoit engagée & foutenuë par des ennemis fort unis, fort aigris contre la France, & dont les deffeins n'étoient pas moindres que de partager le Royaume & d'en faire un pays de conquête pour eux.

On fait le projet qu'ils avoient fait, de fe faire un chemin à travers la France, pour forcer le Roi d'Efpagne d'abandonner fes Etats.

Le voyage de Mr. de Torci à la Haye, & les conférences de Gertruydenberg, avoient fait connoître à toute l'Europe les deffeins des ennemis, & l'impoffibilité où l'on étoit alors de faire la paix. Il faloit donc de néceffité foute-

nir la guerre. L'épuifement du Royaume étoit
affez connu. On n'avoit ni affez de moyens différents à choifir pour la foutenir, ni affez de
tems pour délibérer : à peine avoit-on celui
d'agir & de mettre en œuvre tous les moyens
qui pouvoient fans violence produire de l'argent.

Le falut de l'Etat confiftoit uniquement à
faire la paix. Elle a été heureufement & glo-
rieufement concluë contre toute forte d'efpérance. Bien loin de blâmer quelques moyens,
que la force & la néceflité ont obligé de mettre
en ufage, ne doit-on pas loüer des Miniftres, qui dans des tems fi malheureux, & dans
un Etat fi chancelant, ont eu affez de courage
pour n'être pas effrayés, & pour continuer
des efforts vifs & redoublés, qui ont enfin
produit cette paix auffi néceffaire que défirée.

Fin du Mémoire de Mr. Defmarets.

RÉFLEXION.

Que des Poëtes, des Orateurs, des Hiftoriens pauvres & fujets de Louis XIV. le pro-
pofent durant fon régne à la poftérité, comme
un modéle de Roi parfait, cela eft très naturel; mais qu'on life après fa mort ce monument

ment précieux, ce Mémoire de feu Mr. Deſmarets, & l'on jugera alors, ſi les bienfaits
qu'il a procuré à ſes ſujets, durant ſoixante-
douze ans de régne, ſurpaſſent de beaucoup
les maux qu'il leur a cauſés. On jugera ſi ſes
peuples avoient de grands ſujets de le regretter, & par conséquent, ſi c'eſt un modéle de
Roi parfait.

On pourra bien, à la vérité, lui donner le
ſurnom de Louis le puiſſant, de Louis le redoutable, (car nul de ſes prédéceſſeurs n'a été
ſi puiſſant, & ne s'eſt fait tant redouter ;) mais
les moins habiles ne lui donneront jamais le
ſurnom de Louis le Grand tout court, & ne
confondront jamais la grande puiſſance avec
la véritable grandeur. C'eſt que cette grande
puiſſance, à moins qu'elle n'ait été employée
à procurer de grands bienfaits aux hommes en
général, & aux ſujets & aux voiſins en particulier, ne fera jamais un homme fort eſtimable. En un mot, la grande puiſſance ſeule ne
fera jamais un grand homme.

A N N É E 1717.

Nous vimes durant ſix ſemaines à Paris in-
cognito, le Czar de Moſcovie ou l'Empereur

I i 3   de

de Ruffie, qui cherchoit dans tous les pays d'Europe, à connoître les divers établiffements utiles qu'il pouvoit y rencontrer, pour en faire fon profit & celui de fes fujets.

Comme il apprit que les Evèques, les Curés, les autres Prêtres, n'avoient point la liberté de fe marier; il dit, qu'il n'étoit pas étonné que nos ancêtres ignorants euffent pris un fi mauvais parti, dans l'idée de plaire davantage à Dieu; mais qu'il étoit fort furpris, que les effects de cette grande ignorance euffent fubfifté jufqu'aujourdhui dans un pays qui paroiffoit d'ailleurs fi bien policé.

La petite ville de Granville, port de mer de Normandie, avoit confervé quelques priviléges pour être exempte des nouveaux fubfides : elle croyoit follement que les Rois fucceffeurs étoient obligés à continuer pareilles exemptions durant leur régne. Quelques habitants refuférent d'établir un nouveau fubfide, & par une déclaration du 23°. Octobre, le Roi n'eut aucun égard à leurs anciens priviléges; c'eft qu'ils étoient très anciens, & qu'un privilége étant une aliénation d'une partie de la Couronne, c'eft un domaine fubftitué, & par conféquent inaliénable, fi ce n'eft pour un tems. Or le

tems

tems dont ils avoient joüi du leur, n'étoit déja que trop long.

Il parut le septiéme Octobre un Edit qui ordonnoit aux Théologiens des deux partis, de garder déformais *un silence respectueux* sur les difputes formées à l'occafion de la Conftitution *Unigenitus*. Mais cet Edit ne fut point exécuté, parce qu'il y manquoit deux chofes. 1°. Il falloit impofer des peines fuffifantes aux contrevenants, comme faifie des deux tiers de leur revenu & diftribution actuelle aux pauvres, jufqu'aux marques publiques de repentir. 2°. Il falloit donner aux dix plus anciens de la Grand' Chambre de chaque Parlement, l'ordre de veiller à l'exécution de l'Edit, & de faire propofer des ftatuts en conformité, pour les faire approuver au Confeil.

A N N E' E 1718.

Le Régent ôta dès le mois de Janvier les Sceaux à Mr. D'Agueffeau, & l'envoya à fa terre de Frefne à fix lieuës de Paris, parce qu'il favorifoit le Parlement, qui refiftoit de tems en tems aux volontés de la Cour. Il donna les Sceaux à Mr. D'Argenfon Lieutenant de Police, plus courageux & plus attaché à la fage opinion de l'in-

I i 4

di-

divisibilité de l'autorité royale. Le Parlement, avec de bonnes intentions, mais faute de lumiéres suffisantes dans la politique, donnoit de la peine au Gouvernement, & le Régent avoit besoin d'un homme hardi pour user d'autorité, & reduire le Parlement à ses fonctions ordinaires, qui consistent à juger avec justice les différents entre les sujets.

Le Lit de Justice qu'il fit tenir le vingt-sixiéme Août aux Thuileries, est une preuve du courage, de l'habileté & de la célérité de Mr. D'Argenson : Il y fit lire sa patente de Garde des Sceaux : Il y fit lire l'Edit qui restraignoit la liberté de faire des remontrances, & la patente qui établissoit Mr. le Duc Surintendant de l'éducation du Roi, à la place du Duc du Maine. Ce Lit de Justice parut aux connoisseurs un coup d'autorité nécessaire pour relever le crédit du Régent au dedans de l'Etat.

Le traité de Londres avec les Anglois, les Hollandois, l'Empereur, & le Roi de Sicile, lui donna beaucoup de crédit au dehors, & nous épargna une nouvelle guerre contre ces mêmes Puissances ; guerre qui auroit été d'autant plus longue, que les forces des combattants eussent été plus égales.

Le

Le Régent fit un nouveau traité avec les villes libres de Hambourg, Lubeck & Breme : Traité néceſſaire pour augmenter le commerce en décidant nettement beaucoup de cas qui font des procès qui rebutent & dégoûtent les commerçants.

Le Régent termina auſſi par un échange les ſujets de diviſion pour les limites entre la France & la Lorraine, en donnant à la Lorraine certains villages à ſa bienſéance, & en recevant d'elle certains autres villages qui étoient à la bienſéance de la France.

On vit cette année naître la Compagnie des Indes, qui ne fut d'abord connue que ſous le nom de Compagnie d'Occident ſur les projets de Law, cet Ecoſſois qui avoit établi la Banque. Il voulut auſſi unir les Fermes Générales & les Recettes générales à la Banque & à la Compagnie d'Occident ; mais qui trop embraſſe mal étreint, & ſurtout quand on veut faire en un an ce qui ne ſe peut faire qu'en dix, & quand aux projets ſolides on en mêle d'autres qui n'ont nulle ſolidité, ou quand on abuſe de ce qu'il y a de bon dans ces projets.

On découvrit cette année une grande conſpiration pour ôter la Régence au Régent, &

pour

pour donner la Régence du Royaume au Roi d'Efpagne.

Le Régent qui avoit fes efpions, foutenu par le courage du Garde des Sceaux D'Argenfon, fecouru par la vivacité de l'Abbé Dubois, avoit déja découvert quelques menées de Cellamare Ambaffadeur d'Efpagne ; mais cette découverte fut enfin entiérement conftatée, par le paquet dont Cellamare avoit chargé l'Abbé Portocarrero, qui fut arrêté à Poitiers allant à Madrid.

Ceux que l'Intendant avoit chargés d'arrêter l'Abbé, n'eurent pas l'attention d'arrêter fon valet de chambre ; ainfi il reprit la pofte dans le moment pour venir avertir Cellamare de cet événement, ce qui lui fit promptement jetter au feu tous les papiers, tous les plans, & toutes les lettres de la confpiration : Il n'en reftoit prefque aucun, quand on vint de la part du Roi y mettre le fcèlé.

Le Duc du Maine fut conduit au Chateau de Dourlens. La Ducheffe fa femme fut menée au Château de Dijon. Malezieux, & Davifard Avocat général de Touloufe, furent conduits à la Baftille.

Le Cardinal de Polignac fut mené à fon Abbaye

baye d'Anchin ; Magni Introducteur des Ambaſſadeurs , & le Marquis d'Aidié s'enfuirent en Eſpagne.

Quatre Gentilshommes Bretons furent arrêtés , & exécutés quelque tems après en Bretagne ; Cellamare envoyé en Eſpagne : c'eſt ainſi que ſe diſſipa la conſpiration.

<h3 style="text-align:center">A N N E' E 1719.</h3>

Madame de Maintenon , Françoiſe D'Aubigné, née en 1636. mourut à Saint Cyr. Elle étoit fille d'un pauvre Gentilhomme de Poitou, connue d'abord ſous le nom de Madame Scaron, veuve de feu Mr. Scaron , Auteur agréable pour ſon ſiécle, & qui ſubſiſtoit en partie de ſes ouvrages , ſoit en proſe, ſoit en vers. Il eſt l'auteur du Roman comique, ouvrage qui durera plus que toutes ſes poëſies. Elle fut miſe comme Gouvernante auprès des quatre enfants que le Roi Louis XIV. eut de Madame de Monteſpan. Elle y entra vers 1672. Elle acheta bientôt après la terre de Maintenon , dont elle prit le nom.

Vers 1678. le Roi las des hauteurs & des fantaiſies de la Marquiſe de Monteſpan, s'attacha à Madame de Maintenon , qui avoit deux

ans

ans plus que lui : mais comme elle avoit beaucoup d'efprit, des maniéres douces, humbles, careffantes, refpectueufes, & qu'elle étoit un peu dévote, elle le conduifit doucement à un mariage de confcience, & fit ainfi par fon mérite de femme, la plus éclatante fortune de fon fiécle ; fans faire pour y arriver aucune démarche qu'une honnête femme ne peut avoüer.

On lui reprocha d'avoir voulu, douze ou quinze ans avant la mort de Louis XIV. rendre public leur mariage de confcience, d'avoir fait chaffer de la Cour l'Abbé de Fénelon Archévêque de Cambrai, qui ayant été confulté par le Roi fur cette publication de mariage, eut la hardieffe de dire au Roi qu'une telle publication fcandaliferoit étrangement, non feulement tous fes fujets, mais encore les étrangers ; cauferoit de grandes divifions dans la Maifon Royale, & terniroit fort fa réputation ; c'eft ainfi que Fénelon l'empêcha de faire une grande faute : & c'eft par cet exil qu'il fut récompenfé de fon fage & courageux confeil.

Elle eft loüable de ce que pouvant beaucoup, elle n'a point fongé, ni à s'enrichir, ni à élever beaucoup fes parents ; & l'on dit mème, qu'elle n'auroit jamais penfé à fe faire traiter

de

de Reine, & à perfécuter Fénelon, fans les confeils & les exhortations continuelles de la Maréchale de Noailles, dont le fils avoit époufé fa niéce, tant elle avoit d'inclination pour la modeftie & d'éloignement pour toute perfécution.

Elle nous a laiffé un monument digne de fa pieté & de fon bon efprit : c'eft le Collége de Saint Cyr dans le parc de Verfailles, où deux cent cinquante pauvres Demoifelles font élevées dans la pratique des vertus chrêtiennes, & pour devenir un jour d'excellentes méres de famille ; c'eft un des plus utiles établiffements que l'on puiffe former dans un Etat, & qui mérite le mieux d'être perfectionné, & puis étendu dans les principales villes, non feulement du Royaume, mais encore de toute l'Europe.

La Banque eut cette année un fi grand fuccès, que les Billets de Banque valoient deux pour cent plus que l'argent comptant, deforte qu'un Billet de mille francs étoit préféré à mille vingt Livres en argent ; mais ce crédit ne dura que jufques à ce qu'on vit dans le Public ces Billets tellement multipliés qu'on les crut monter à une fomme moitié plus grande que celle de l'argent monnoyé qui étoit dans le Royaume :

car

car dès que les gens fenfés aperçurent que la Banque lâchoit quelques Billets fans en recevoir la valeur en argent ou en marchandifes, on fe douta bien que dans peu les Billets de mille Livres ne vaudroient plus mille Livres en argent, & effectivement ils en vinrent à ne pas valoir cent Livres en argent comptant.

L'extravagance de Law, devenu Controlleur Général des Finances, après s'être fait Catholique, alla jufques au point de croire que la Banque pouvoit prêter au Roi quinze cent millions pour rembourfer les dettes de l'Etat, avec fa fabrique de Billets de Banque de dix mille Livres, de mille Livres, de cent Livres, & de dix Livres. Il ne fongeoit pas que de pareils Billets, délivrés fans que la Banque en reçût la valeur en efpéces, & par conféquent fans qu'elle pût les convertir fur le champ en argent & rembourfer les porteurs, ne pouvoient paffer que pour des illufions, & que ce manége n'étoit bon qu'à tromper le Public quelques jours, & à renverfer la Banque même, qui étant conduite fagement eût toujours été un établiffement très commode au Commerce & très utile à l'Etat.

A N-

A N N E´ E 1720.

Le traité de la quadruple Alliance fut signé à la Haye le dix-septiéme Février à onze heures du soir par l'Empereur, la France, l'Angleterre, & l'Espagne; mais comme l'Espagne ne voulut pas l'exécuter en son entier, la guerre lui fut déclarée par l'Empereur, par la France & par l'Angleterre. Les François prirent le Port du Passage, Fontarabie, & Saint Sebastien; ils se préparoient à pousser plus loin leurs conquêtes, & à démanteler ces places, quand le Cardinal Alberoni Ministre Général d'Espagne en fut chassé.

C'étoit un homme d'esprit, ambitieux, mais très facile à s'embarquer dans les projets chimériques. La Flotte d'Espagne fut battue par la Flotte Angloise sur les côtes de Sicile, & la Cour d'Espagne, pour conserver en leur entier les Villes prises par les François, prit enfin le parti de négocier la paix, en rendant la Sicile à l'Empereur, parce que les Alliés assuroient les Etats de Florence & de Parme à Don Carlos; cette négociation fut le sujet du Congrès de Cambrai.

Quatre Gentilshommes Bretons, complices
de

de la confpiration contre le Régent, eurent la tête coupée à Nantes. Alberoni devoit envoyer par mer des troupes pour faire revolter la Bretagne; & les Conjurés efpéroient follement avec Alberoni que toutes les Provinces du bord de la mer fe revolteroient en même tems.

Quelques-uns difent qu'Alberoni efpéroit fe faire donner la place de Lieutenant Général du Royaume de France, quoiqu'il eût donné la même efpérance au Duc du Maine.

On vit cette année le crédit de la Banque porté au plus haut point au mois de Janvier, & la Banque elle-même entiérement culbutée, & fes Billets de mille Livres donnés prefque pour rien, quelques mois après.

Law Controlleur Général des Finances, avoit cru que le Commerce de France pouvoit fe faire prefque fans argent, & feulement avec des Billets de Banque de dix, de cent, de mille, & de dix mille livres, & qu'il ne faloit que peu d'argent dans le Commerce pour l'achat des petites denrées, & pour faire l'apoint des marchés; cela étoit vrai, s'il y eût eu toujours à la Banque en argent ou en or la valeur des Billets qui en fortoient.

Mais dès que l'on en vit fortir pour deux mil-

milliards sept cent millions de Billets de Banque, & qu'il n'y avoit pas en France pour sept
cent millions d'espéce, chacun vit bien que le
crédit de la Banque étoit perdu.

Il y eut un désordre effroyable dans le Commerce, & surtout à Paris; les Marchands ne
vouloient point donner leurs denrées sans
argent comptant, & personne n'en avoit;
on n'avoit que du papier qui ne valoit plus
rien.

On ôta Law des Finances; il fut encore
quelques mois à avoir soin de la Compagnie
des Indes; & puis il se retira en Angleterre,
& ensuite à Venise, où il est mort sans biens
en 1729. après avoir été lui-même la dupe de
ses projets chimériques.

Ce qui l'avoit trompé, c'est qu'il avoit cru
que le fonds de la Compagnie des Indes des
Hollandois en vaisseaux, en marchandises, en
terres, ne valoit pas le quart du prix de toutes les Actions des Actionnaires, qu'il en étoit
de même dans la Banque d'Amsterdam & dans
les Compagnies d'Angleterre; mais quand on
vit que les Directeurs de ces Compagnies, leurs
parens, & leurs amis, qui connoissoient les fonds

de ces Compagnies, ont eux-mêmes en Actions presque tout leur bien, & cela durant vingt ou trente ans; quand les dividendes ou l'intérêt de chaque Action est toujours plus fort qu'ailleurs, & toujours réguliérement payé, peut-on croire que les profits de ces Compagnies ne soient pas fondés fur des fonds proportionnés à fes dividendes, qui durent depuis vingt ou trente ans ?

Si les Directeurs de ces Compagnies, qui font instruits de ces fonds, voyent que les profits que produisent ces fonds vont en diminuant, & qu'ils font obligés de prendre tous les ans fur le capital pour payer les dividendes, ils vendroient bientôt leurs Actions, eux & leurs parens & leurs amis, pour placer ailleurs plus furement & plus utilement leur argent; il eft vrai que quelques-uns d'entr'eux vendent quelquefois leurs Actions, & peut-être dans l'opinion que les fonds diminuent; mais les autres Directeurs également instruits ne vendent point les leurs, parce qu'ils voyent par leurs yeux, que malgré les foupçons & les fauffes opinions de ceux qui vendent leurs Actions, les fonds de la Compagnie font affez grands & affez réels pour

pour aſſurer leurs biens, c'eſt-à-dire leurs Actions.

Ce ſyſtème de Law, qui a diminué le revenu de pluſieurs familles, & augmenté le revenu de beaucoup d'autres, nous a toujours apris deux choſes importantes :

1°. Que les Banques ſagement gouvernées ſont très utiles dans un Etat, & ſurtout les Comptes en Banque : j'en ai donné les raiſons dans un mémoire ſéparé.

2°. Il nous a apris qu'une grande Compagnie de Commerce maritime ne ſeroit pas moins avantageuſe qu'une Banque à cet Etat, ſi l'on y obſervoit les quatre ou cinq conditions eſſentielles que j'ai expliquées ailleurs.

Au reſte il paroît que ce terrible dérangement que le crédit des Billets de Banque cauſa dans le Royaume, & ſurtout à Paris dans toutes les familles, ne venoit que de cette fauſſe opinion où étoit le Régent que les Banques & les Compagnies d'Angleterre & de Hollande avoient un tiers ou moitié moins d'argent que leur caiſſe, ou d'effets dans leurs magaſins, ou de débiteurs, qu'il n'y avoit ou de Billets de Banque ou d'Actions dans le Commerce ; opinion qu'il avoit priſe de Law ſans aucune preu-

K k 2

ve,

ve, & que Law avoit prife en Angleterre & en Hollande fur de fimples conjectures, de fimples *ouï dire*, & de fimples foupçons, qui étoient détruits par la fimple confidération de cette queftion ; fi cela eft ainfi, pourquoi les Directeurs, qui favent l'état au vrai de leurs caiffes & de leurs effets, achétent-ils des Actions au prix courant ? Pourquoi leurs amis en achétent-ils ? pourquoi préférent-ils les Billets de Banque à l'argent en efpéce ?

La Pefte commença à Marfeille, & emporta la moitié des habitans, qui montoient à fix vingt mille ; la caufe vint de quelques marchandifes de Smyrne paffées en fraude par les matelots pour éviter la Douane, & faute d'obfervation de la quarantaine ; on fit garder les paffages contre la Provence ; mais la Pefte ne laiffa pas de pénétrer dans le Languedoc.

Mehemet-Effendi Ambaffadeur Turc vint à Paris : il trouva l'invention de l'Imprimerie fi utile, qu'il prit la réfolution de la faire établir à Conftantinople ; mais il n'en a pu venir à bout que fept ou huit ans après, à caufe des oppofitions des copiftes, foutenus par le Muphthi Chef des Eccléfiaftiques Mahométans.

L

Le 11e. Décembre Mr. de la Houssaye Conseiller d'Etat fut nommé Controlleur Général. Mr. Des Forts, qui étoit Commissaire Général des finances, lui remit tous les papiers du Controlle général : il travailla fortement à donner le plan d'un Visa, qui m'a toujours paru très sensé, & très équitable en gros ; car s'il fut mal exécuté, ce ne fut pas sa faute.

Son plan fut exécuté l'année suivante ; il consistoit à faire raporter devant les Commissaires, par tous les porteurs de papiers Royaux ou Créanciers du Roi, les Billets de Banque, Actions & autres papiers, & de les obliger à prouver leur origine, soit par des héritages que ces porteurs eussent vendus, soit par des contracts de remboursement qu'ils eussent reçus, afin que les Commissaires fussent en droit d'annuller tous les Billets qui ne prouvoient point pour origine des biens immeubles remplacés : il est vrai que tous les Commissaires ne furent pas tous fidelles, & que les Favoris de la Cour obtinrent des exemptions pour ceux dont ils étoient largement payés de leur protection ; mais la bonté du plan ne regarde pas les fautes de l'exécution.

A N.

A N N É E 1721.

Pelletier de la Houffaye Controlleur Général, homme fort défintéreffé, faifoit ce qu'il
pouvoit pour s'oppofer au crédit des Favoris
& des Favorites, qui plaidoient auprès du Régent pour les riches du Vifa, dont ils étoient
bien payés; mais il ne réuffiffoit pas toujours;
& la faute que fit le Régent, qui aimoit la juftice, mais qui étoit foible contre les recomman-
dations partiales & injuftes de fes Favoris & de
fes Favorites, ce fut de ne pas renvoyer toutes ces demandes fur les difficultés & affaires du
vifa à un fecond examen d'un Bureau du Parlement; il auroit fort adouci le Parlement &
contenté le public, qui vouloit apauvrir les riches pour donner davantage à ceux qui perdoient.

La Houffaye voyoit avec chagrin qu'il y a-
voit des Commiffaires infidéles, gagnés par de
l'argent; mais il n'avoit pas les moyens de les
convaincre; le feul moyen dans cette affaire
étoit de nommer deux Commiffaires pour une
même affaire au deffus de dix mille livres.

L'Abbé Dubois fut nommé Cardinal: beaucoup de gens furent furpris de la grandeur &
de

de la viteſſe de ſa fortune, quand ils ſe ſou-
venoient de ſa naiſſance, de ſes défauts, & de
ſon peu de probité ; ſon pére étoit Chirurgien
d'une petite Ville de Limouſin, & on le connoiſſoit pour colére, pour médiſant, pour ca-
lomniateur, pour débauché, pour avare, pour
envieux, pour grand fourbe, même au préjudice de ſes amis ; mais ils ne faiſoient pas
réflexion qu'il avoit beaucoup d'eſprit pour
connoître le foïble des hommes, & beaucoup
d'habileté pour les prendre par leur foible,
c'eſt-à-dire, pour les flater, pour les faire craindre, pour les faire eſpérer, en un mot pour
les intéreſſer.

Ils ne faiſoient pas réflexion qu'il ne dormoit
preſque point, qu'il ne liſoit point, qu'il n'aimoit ni la table, ni la converſation, & par
conſéquent, qu'il avoit quatre fois plus de tems
que les autres pour penſer perpétuellement à
augmenter ſa fortune, & aux obſtacles qu'il a-
voit à vaincre, & aux moyens différens de les
ſurmonter.

Ils ne faiſoient pas réflexion qu'un eſprit
ardent qui a plus de loiſir qu'un autre, qui
n'a qu'un but en vuë, trouve vingt fois plus
d'expédiens pour y arriver ; ils ne ſongeoient

K k 4

pas

pas que qui n'a ni amitié, ni gratitude, ni probité, n'eſt point arrêté dans ſes projets, là où un homme juſte s'arrête lui-même tout court.

Ils ne faiſoient pas réflexion qu'un homme qui pour ſa fortune n'a qu'un ſeul homme à gouverner, qu'il entoure & qu'il fait entourer par ſes eſpions, qui ne ſe rebute jamais de rien, qui ſouffre tout avec patience, qui veut fortement & avec conſtance arriver à ſon but; qui a la commodité de détruire dans l'eſprit de ſon maître, ou par des ridicules, ou par des calomnies, tous ceux qui peuvent l'aborder, devient à peu près le ſeul, qui par conſéquent peut faire chaſſer les autres, lorſqu'il menacera de tout quitter.

Si ceux qui ont été ſurpris de ſa fortune avoient fait ces réflexions, ils auroient vu au contraire, que par les loix ordinaires de la Providence, il étoit impoſſible qu'avec ces ſortes de qualités il ne diſpoſat de toute l'autorité de ſon Maître; il y a même des gens qui croyent, & avec vraiſemblance, que ſi ſon Maître l'eût voulu contredire un jour dans le Gouvernement, après qu'il eut été déclaré Premier Miniſtre, il ne ſe fût bientôt emparé de l'eſprit du jeune Roi, par les craintes frivoles dont il

au-

auroit infecté fon efprit, & auroit enfuite fait chaffer Monfieur le Duc d'Orléans lui-même.

Le Cardinal Alberoni fut fon rival en fortune, pareille naiffance, pareils talens. Le Cardinal Alberoni connut mieux les affaires que les hommes; mais le Cardinal Dubois connoiffoit mieux les hommes que les affaires; auffi Alberoni, faute d'efpions fuffifans, fut chaffé, au lieu que le Cardinal Dubois s'étoit rendu inchaffable, pour être devenu néceffaire; mais après tout en étoit-il plus heureux qu'un autre? rien moins; c'étoit un homme agité d'une fiévre continue d'ambition, incapable de gouter les amufemens & les plaifirs ordinaires: il avoit un grand crédit; mais en étoit-il plus eftimable? non: c'eft que pour être eftimable & aimable, il faut être jufte & bienfaifant; auffi ces fortes d'ambitieux du commun qui deviennent puiffants, meurent-ils haïs & fort méprifés; un pareil Miniftre étoit-il défirable? il n'y a qu'à décider fi un homme qui n'eft ni jufte, ni bienfaifant, qui ne fonge qu'à lui, & qu'à garder longtems fa place, eft défirable pour gouverner les autres; il avoit beaucoup d'imagination pour trouver divers expédiens propres pour arriver à un but peu raifonfonnable & peu défirable; peu de folidité d'efprit pour choifir un but fage & eftimable; au refte tels font d'ordinaire la plupart des Miniftres des Souverains.

ANNÉE 1722.

Le Cardinal Dubois, pour être plus en fureté contre les autres petits Favoris du Régent qui foupoient avec lui, le détermina à mener le Roi à Verfailles; & effectivement les Miniftres y font plus en fureté; ils y ont plus d'autorité, & par conféquent ils peuvent plus commodément travailler aux affaires; au lieu qu'à Paris ils ont trop d'audiences à donner; ils ont trop de comparaifon & de rivaux à craindre.

Comme le Roi touchoit à la majorité, le Cardinal Dubois fit entendre au Régent qu'il lui convenoit, pour garder l'autorité, d'avoir des conférences avec le Roi feul, pour lui donner quelques connoiffances des affaires du Gouvernement, & furtout pour lui donner des idées du mérite, des talens, & des défauts de ceux qui l'environnoient.

Le Maréchal de Villeroi fon Gouverneur, petit efprit, vain & préfomptueux, qui prenoit

fou-

fouvent à tâche de blâmer devant le Roi le Gouvernement du Régent, & qui vouloit apparemment s'attirer toute la confiance du Roi, dit hautement que le devoir de fa charge étoit de ne point laiſſer le Roi feul avec perſonne : Le Régent étant à Verſailles lui fit porter par un Officier des Gardes ordre d'aller à Villeroi à huit lieues de Paris, & le lendemain il reçut à Villeroi ordre d'aller à ſon Gouvernement de Lyon.

Le jeune Roi fut fort aiſe d'être défait d'un Pédant fâcheux, qui le contraignoit ſans ceſſe ſur des bagatelles : il ne fut regretté de perſonne ; car chacun avoit à ſouffrir des hauteurs & de la mauvaiſe humeur d'un vieillard préſomptueux ; le Duc de Charoſt fut mis à ſa place, & ſe fit aimer de tout le monde par ſa douceur & par ſa politeſſe.

La cérémonie ſacrée ſe fit à Rheims au mois d'Octobre avec beaucoup de magnificence ; ſur quoi je dirai qu'il me ſemble que cette cérémonie devroit être abolie, 1°. parce que le Roi tient entiérement le droit de régner de ſa ſeule naiſſance, & de ce qu'il eſt fils aîné du Roi, ou fils aîné, ou petit-fils aîné ou unique de ce fils aîné, au lieu que ces vieilles cérémonies se ressentent un peu trop du tems des anciens Rois, qui se faisoient par élection, & peuvent faire entendre au peuple que le Roi n'a pas tout le droit, toute l'autorité, toute la Souveraineté de Roi, avant comme après le sacre, ce qui est ridicule à penser ; mais cependant c'est ce que les mécontens faisoient penser au peuple du tems d'Henri IV. quadrisa-yeul du Roi Louis XV. il y a cent quarante ans ; car il fut obligé de se faire sacrer à Chartres ; j'espère que nous aurons quelque Dauphin qui se contentera de faire dans sa Capitale un simple jour de fête & de réjouïssance pour le joyeux avénement à sa Couronne.

Mais il faut que ce jour là soit marqué par la délivrance de plusieurs prisonniers pour dettes, par des gratifications aux Hopitaux, par la double portion des pauvres, des Religieux & des Religieuses des Ordres Mendiants, par des repas du peuple, par des danses, par des *Te Deum* dans toutes les paroisses, par le bruit des cloches & des canons, par différens Bals ; je ne retiendrois de l'ancienne cérémonie que le grand festin Royal ; je voudrois que la fête fût terminée par de belles illuminations en divers endroits de la Ville, & par des feux d'artitifice fur la riviére ; il faudroit ôter toute idée de Sacre & de Couronnement.

Enfin on vit finir la Pefte en Provence après avoir duré deux ans. Chirac Médecin du Régent, & depuis Premier Médecin du Roi, foutenoit que ce n'eft point une maladie contagieufe par elle-même, & que la peur qui trouble le fang la rend contagieufe ; il eft vrai que la peur en eft une caufe , mais non pas caufe unique ; il ne répond point à l'argument tiré des enfans qui n'en ont point de peur & qui la prennent ; ainfi je crois que les précautions que l'on prend de fe renfermer chacun dans fa maifon pour les Villes empeftées, de garder les paffages dans les Provinces faines pour empêcher les perfonnes & les hardes peftiferées de paffer , & de faire obferver les quarantaines, font des précautions très fages , & les Turcs à Conftantinople commencent à en obferver quelques-unes.

Le 8e. Décembre mourut à Saint Cloud feue Dame Elizabeth Charlotte fille de l'Electeur Palatin , mére du Régent, Princeffe très refpectable par fon courage & par fa fermeté pour la juftice ; fon humeur douce , affable, compatiffante , libérale , la faifoit aimer de tout

le

le monde : j'ai eu l'honneur de la fervir pendant plus de vingt cinq ans en qualité de premier Aumonier, & j'ai tout lieu de me louer de la bonté qu'elle avoit pour moi & pour le feu Pére Saint Pierre Jéfuite mon frére fon Confeffeur.

A N N E´ E 1723.

Le Roi tint fon Lit de Juftice au Palais pour annoncer fa Majorité ; cérémonie qui coute beaucoup de tems à beaucoup de gens, & fur-tout aux Harangueurs ; elle eft très incommode pour les Acteurs, & très inutile pour augmenter le bonheur de la Nation ; mais ce font des reftes du déhors du Gouvernement des fiécles barbares & ignorans, dans lefquels on faifoit grand cas de toutes fortes de cérémonies dans les affaires du Gouvernement, comme dans celles de la Religion.

Le Cardinal Dubois mourut le 10. Août d'un refte de mal de débauche ancienne, & laiffa à fes héritiers fix ou fept cent mille écus d'effets.

L'exceffive élévation d'un homme d'un caractére fi méprifable, ne fit pas honneur au Régent, qui mourut lui même le 2. Décembre

bre fuivant, après s'être fait donner par le Roi le même titre de Premier Miniftre , qu'il avoit fait donner imprudemment au Cardinal ; preuve qu'il reconnut alors que le Cardinal l'avoit fourbé, en lui faifant entendre que ce titre étoit au deffous de fa naiffance.

Ce Prince avoit beaucoup d'efprit, & faifoit cependant des fautes d'enfant ; il eût confeillé les autres à merveilles, & fuivoit cependant fouvent les mauvais confeils des autres.

L'Abbé Dubois lui avoit perfuadé qu'il n'y avoit ni juftice ni probité parmi les hommes, ni chafteté parmi les femmes ; que c'étoit chercher la pierre philofophale que de chercher de la probité dans les Miniftres ; qu'ainfi il ne faloit leur donner que de l'efprit pour propofer beaucoup d'expédiens. L'Abbé Dubois avoit grand intérêt à établir cette maxime, & il en venoit à bout par fes médifances & par fes calomnies.

Ce Prince écoutoit volontiers tout ce qui alloit à faire méprifer les autres ; auffi n'étoit-il guére entouré que de moqueurs, de médifans & de calomniateurs, entre lefquels le Cardinal étoit le médifant le plus fin & le plus conftant.

Ce

Ce Prince craignoit extrémement d'être tour-
né en ridicule, & c'étoit cette crainte dont le
Cardinal faifoit le plus d'ufage pour le gouverner.

Il a plus donné qu'aucun Prince, & cependant
il n'eft pas mort fort aimé du Public : c'eft qu'il
n'avoit jamais imaginé qu'en diftribuant fes graces
& les emplois, il devoit les diftribuer d'une maniére qui fût & qui parût jufte à tout le monde ;
& il n'y avoit que la méthode du fcrutin perfectionné entre vingt-cinq ou trente pareils qui pût
faire de merveilleux effets ; mais il n'en avoit
pas la premiére idée.

Nul Prince n'a eu tant de facilité d'amaffer
quarante ou cinquante millions avec juftice,
& il eft cependant demeuré endetté de cinq
ou fix millions qu'il avoit avancé pour l'Etat ;
je n'ai vû en perfonne tant de bonnes qualités
effentielles.

Il avoit beaucoup de courage à l'armée,
mais peu de fermeté dans fes réfolutions ; il
décidoit trop fouvent des chofes importantes
fur le champ, fans écouter les parties intéref-
fées, & puis fe repentoit de fa décifion pour
avoir décidé fans une connoiffance entiére ;
or en fait de graces, tous ceux qui y peuvent
pré-

prétendre devroient être écoutés ou eux ou leurs Avocats ; ou plutôt il devoit donner les graces à un des trois qui auroit été choisi entre trente de ses pareils ; il auroit alors jugé en connoissance de cause.

Monsieur le Duc d'Orléans fut attaqué d'apoplexie vers les quatre heures après midi, & mourut six heures après. La Vrilliére Secretaire d'Etat alla dans cet intervalle trouver Monsieur le Duc, & lui dit, Il faut au Roi un Premier Ministre : soyez chez le Roi dans le tems que je viendrai lui annoncer la mort du Régent : jettez vous à ses pieds , & lui demandez la place de Premier Ministre : j'aurai le Brevet tout prêt à signer ; cela se fit ainsi vers les dix heures du soir : le Roi avant que de signer regarda Monsieur l'Evêque de Fréjus, depuis Cardinal de Fleury, son Précepteur , comme pour lui demander ce qu'il avoit à faire : l'Evêque surpris lui fit imprudemment le signe de tète qui signifie *oui*, comme pour marquer qu'il devoit accorder ce que demandoit Monsieur le Duc, & il accorda & signa le brevet sur le champ.

L'Evêque de Fréjus se repentoit fort de n'avoir pas fait le signe de tète qui signifioit *non* ;

Ann. Polit. II. part.   L l   &

& effectivement il n'étoit guéres raisonnable
de prendre sur le champ pour Premier Ministre, pour Conducteur d'un grand Royaume, un
jeune homme qui a lui - même besoin de quelqu'un pour le conduire.

S'il y eut jamais occasion où un Prince doit
dire, *Je verrai*, c'étoit en cette occasion, &
l'affaire valoit bien la peine d'y penser ; &
quand l'Evêque de Fréjus n'eût pris que vingt-
quatre heures pour envisager le pour & le contre, il eût bien senti qu'il pouvoit dès-lors, sans
le titre de Premier Ministre, gouverner lui-même : ainsi le Roi pouvoit dire le lendemain,
Je ne veux plus de Premier Ministre, & cependant en donner toute l'autorité à son Précepteur, comme il fit deux ans après.

La Marquise de Prie, fille de Bertelot Ple-
neuf homme d'affaires, gouvernoit alors despo-
tiquement Monsieur le Duc qui gouverna comme premier Ministre.

Elle avoit beaucoup d'esprit & de courage
pour une jeune femme ; elle vouloit tenir longtems cette place, & dans la crainte que son
pouvoir ne durat guéres, elle ne perdoit pas de
tems pour s'enrichir.

Elle crut faussement que pour maintenir Mr.

le Duc dans son poste il falloit faire éloigner l'Evêque de Fréjus, ou du moins empêcher qu'il ne devint Cardinal, de peur que le Roi n'eût ensuite envie de lui donner le titre de Premier Ministre.

L'Evêque de Fréjus s'aperçut bientôt du manége de cette femme ; il tenta d'abord s'il pourroit résoudre Mr. le Duc à la renvoyer en Normandie près de Lisieux, dans les terres de son mari, & alors il auroit soutenu Mr. le Duc dans sa place de Premier Ministre ; mais voyant qu'il étoit impossible que Monsieur le Duc s'en séparat volontairement, il résolut de prendre d'autres mesures, & d'attendre les conjonctures favorables pour exiler doucement Mr. le Duc à Chantilly, & Madame de Prie en Normandie ; ce qui arriva deux ans après.

ANNÉE 1724.

Il arriva en Europe un grand événement au commencement de cette année. Philippe V. Roi d'Espagne, petit-fils de Louis XIV. Roi de France, abdiqua la Couronne en faveur de Louis Premier son fils aîné, Prince des Asturies : sa lettre à son fils dattée du Monastére de St. Ildefonse à quinze lieues au

Nord de Madrid, du 14ᵉ. Janvier 1724. porte qu'il lui remet la Couronne, avec d'autant plus de joie, qu'il trouve la Reine fa femme dans les mêmes fentimens que lui, & déterminée comme lui à fouler aux pieds le néant des grandeurs mondaines & les biens périffables de cette vie : ainfi le Roi Louis fut proclamé à Madrid le 9ᵉ. Février 1724.

On vit alors à Madrid un réglement, par lequel les Capitaines Généraux & les Lieutenans Généraux doivent avoir à l'avenir les mêmes entrées que les Grands d'Efpagne ; ce réglement eft très raifonnable ; il feroit à propos de faire Grands d'Efpagne, perfonnels & non héréditaires, les Capitaines Généraux ; nous devrions de même en France faire Ducs & Pairs perfonnels & non héréditaires, les Maréchaux de France.

. Je vois dans ce tems là une Academie de Savants établie à Madrid, a peu près fur le même plan que l'Académie nouvelle de Lifbonne ; c'eft un moyen de rendre un jour le Tribunal de l'Inquifition moins odieux, parce qu'il fera exercé par des gens moins ignorans, plus favans & plus raifonnables. Les Academies augmentent la raifon, l'équité & la vertu

dans

dans un Etat, en y diminuant l'ignorance, le fanatifme & la perfécution.

Les Plénipotentiaires de Cambrai convinrent de quelques articles pour la punition de leurs Domeftiques delinquans; & afin que les difputes fur le pas & les préféances ne fuffent pas un obftacle aux progrès de la paix que l'on y traitoit entre l'Efpagne & l'Empereur, il fut réfolu que ce qui fe pafferoit dans cette Affemblée fur les préféances ne pourroit être regardé comme un droit ni être tiré à conféquence en aucun autre lieu ni en aucun autre tems ou conjoncture, deforte que perfonne n'en pourra prendre avantage, non plus qu'il ne pourra en recevoir aucun préjudice dans aucune autre occafion.

Ce Réglement provifionnel propofé par Monfieur de Saint Conteft eft très fage, parce qu'il n'eft que provifionnel & prévient beaucoup de difficultés frivoles qui empêcheroient des conventions très folides & très importantes.

Les Vaiffeaux de la Flotte arrivérent le 20. Août dans la Baye de Cadix, & il y avoit deux Vaiffeaux de Guerre, & douze Vaiffeaux Marchand, partis de la Vera - Cruz le 21. May;

               Na-

Navigation heureuſe de trois mois ; & comme il y a 2100. lieues de vingt-cinq au degré, ils firent ſept-cent lieues par mois, c'eſt-à-dire vingt-trois lieues par jour l'un portant l'autre, c'eſt environ une lieue par heure. Cette Flotte aporta, tant pour le Roi que pour les Marchands, ſavoir dix millions cinq cent mille Piaſtres Mexicaines qui péſent environ une once d'argent chacune ; quarante mille cinq cent marcs d'argent en vaiſſelle ; trois cent vingt mille marcs d'argent en lingots ; quatre cent mille piſtoles d'or ; cinq mille marcs d'or en lingots ; quinze - cent cinquante marcs d'or en monnoie ; C'eſt environ ſoixante ſix millions de livres de nôtre monnoye préſente, laquelle eſt environ à cinquante livres le marc d'argent : ſans compter la Cochenille, l'Indigo, le Jalap, la Vanille, le Contrayerva, la poudre de Gauhaca, le Copal, le Rocou, le Cacao, l'Ambre, les Cuirs tannés, le Bois de Breſil, le Cuivre, le Chocolat, la Poterie &c.

C'étoit une des plus grandes & des plus riches cargaiſons qui eut paru ; & communément ce que porte cette Flotte de la Vera-Cruz pour l'Amérique Septentrionale ne monte qu'au tiers de ce que raportent les Galions de Portobello,

& de Carthagéne , de l'Amérique Méridionale.

Le Roi Louis mourut le trente-uniéme Août
de la petite verole à Madrid, dans sa dix-septiéme
année: il ne régna qu'environ sept mois. La
Reine sa femme prit la petite verole, & revint
en France.

Le Roi Philippe reprit le Gouvernement,
dans le dessein de le rendre à Don Ferdinand
Prince des Asturies, dès qu'il auroit le même
âge que le Roi Louis son frére.

Le Roi par une déclaration fixa des bornes
à Paris & deffendit de bâtir au-delà dans les
fauxbourgs : il y a dans l'enceinte de Paris
quantité de places non bâties qu'il est à propos de remplir avant que d'outrepasser les bornes fixées , afin que les habitans soient plus
rassemblés & les maisons plus hautes.

Il parut un Edit pour diminuer les péages ,
mais il ne donna pas ordre de supprimer les
péages des particuliers , & de les rembourser
par des rentes ; or on ne sauroit s'imaginer
combien les péages causent de vexations & de
difficultés dans les voitures & dans le commerce ; ils causent dix fois plus de perte au public , qu'ils n'aportent de profit aux particu-

                    liers

liers qui en ont le droit ; il faudroit les rembourſer.

Le Czar ou l'Empereur de Ruſſie a publié cette année un Edit par lequel il fixe le nombre des Couvents d'hommes à cinquante dans ſes Etats, avec défenſes de recevoir des Novices qui n'ayent au moins quarante ans : La dépenſe de chaque Religieux fut eſtimée un Rouble par ſemaine, c'eſt-à-dire une once d'argent pour nourriture ou vêtement ; c'eſt cinquante-deux onces par chaque année : le reſte des revenus des Monaſtéres devoit être régi par les Receveurs du Domaine Impérial au profit du public.

Si ces Religieux avoient eu le bon eſprit de s'appliquer à inſtruire les enfans ſur les arts utiles à la ſocieté & à leur inſpirer une grande horreur pour toutes ſortes d'injuſtices de peur de déplaire à Dieu & d'être condamnés à l'Enfer, & une grande inclination à exercer envers tout le monde beaucoup de politeſſe, de patience, en un mot beaucoup de bienfaiſance ; comme ils auroient été de ce coté là infiniment utiles aux familles Ruſſiennes, l'Empereur, loin d'avoir ſongé à s'enrichir des biens de ces Religieux qu'il regarde comme des fainéans à charge ge à l'Etat, leur auroit laiſſé leurs revenus en entier; il auroit même invité tous les gens de bien à augmenter les revenus des Religieux ſi utiles à la ſocieté Chrêtienne.

Arrêt du 13. May qui ordonne de nouvelles enchéres ſur les Domaines alienés, & que les enchéres ſe feront en rentes payables au Domaine par les encheriſſeurs.

Cette méthode eſt la meilleure pour multiplier les encheriſſeurs, au lieu que ſi les enchéres ſe faiſoient en argent, les Domaines ſe vendroient à un tiers meilleur marché.

Il y a même une autre remarque à faire, c'eſt que pour multiplier encore plus les encheriſſeurs, il faudroit diviſer les Domaines en petites parties d'environ trois, quatre, ou cinq cent Livres de rente.

Enfin il feroit à propos dans les publications de laiſſer à tous les Curés d'une lieue à la ronde des imprimés contenants la déclaration des biens à aliener, & les charges foncières ou locales.

Il parut une Déclaration du Roi le 14. Novembre 1724. par laquelle il eſt défendu aux charretiers d'avoir à leurs charretes à deux roues plus de trois chevaux depuis le premier Avril

juſjufques au premier Octobre, & plus de quatre chevaux depuis le premier Octobre jufqu'au premier Avril.

Cette ordonnance feroit bonne pour empêcher les charretiers de gâter les chemins avec des fardeaux trop pefans; mais il y a deux défauts, le premier c'eft qu'il y a une exception peu importante, qui peut fervir de prétexte aux charretiers fraudeurs; le fecond c'eft qu'il n'y a point dans le Royaume de Compagnies pourfuivantes établies dans tous les Parlemens pour pourfuivre l'exécution des Réglemens de Police générale; c'étoit un établiffement que feu Monfieur Colbert excellent Miniftre d'Etat avoit deffein de faire fi la mort ne l'eût prévenu.

Anne´e 1725.

Le Czar Pierre Empereur de Mofcovie mourut à Petersbourg, ville qu'il avoit bâtie; il avoit de grandes qualités du côté de l'efprit, & de grands défauts du côté du cœur; auffi a-t-il fait des chofes très louables, & des chofes très blâmables; ainfi il peut paffer pour homme illuftre, pour Prince illuftre, pour grand Prince entre les Princes barbares, mais non pas pour grand homme.

Il cherchoit la gloire avec une ardeur &
une

une conftance merveilleufe ; mais malheureufement faute de bonne éducation, il ne fe connoiffoit point en bonne gloire.

Il n'imagina jamais rien de plus précieux, de
plus glorieux & de plus défirable que la grande puiffance, & la réputation du plus puiffant
Prince du monde ; & c'étoit alors un défaut
affez ordinaire dans les Souverains ; c'étoit le
grand défaut de Louis XIV. Ainfi de bonne
heure , & dès fa premiére jeuneffe, il ne fongeoit qu'aux moyens d'augmenter confidérablement fa puiffance.

Cette grande ambition le rendit très défireux
de s'inftruire des principales parties du Gouvernement des Souverains fes voifins, de leurs forces, de leurs revenus, de leurs richeffes, & furtout du commerce, principale fource de ces
richeffes qui faifoient la plus grande partie de
leur puiffance.

Un nommé Le Fort Genevois, homme d'efprit, qui avoit beaucoup voyagé en Europe,
fe trouvant à Mofcow , aprit la Langue Ruffien-
ne, & trouva le moyen de fe faire défirer
par le jeune Czar, en lui racontant les parti-
cularités de fes voyages.

Ce fut dans ces recits que le Czar prit envie
d'al-

d'aller lui-même voyager, & de voir par ses yeux toutes les choses merveilleuses que Le Fort lui avoit contées, de l'étendue du commerce, de la multitude des vaisseaux & de la grandeur des richesses des Anglois, & des Hollandois, par la comparaison de la petite étendue de la Hollande & de l'Angleterre en comparaison de la prodigieuse étendue de ses Etats & du nombre de ses sujets.

Ainsi voyant que le commerce Maritime donnoit les moyens d'entretenir un grand nombre de troupes, il résolut d'avoir des ports & des vaisseaux dans l'Océan, dans la Mer Baltique, dans la Mer Caspienne, & dans la Mer Noire.

Et comme ses sujets n'étoient point instruits ni de la marine ni de la discipline militaire, ni des Arts, ni des Sciences, il résolut d'avoir comme pensionnaires beaucoup d'étrangers pour instruire en moins de tems ses sujets.

De ce désir immense d'augmenter sa puissance vint le désir de conquérir les Provinces que le Roi de Suéde avoit sur la Mer Baltique, projet très injuste ; mais il ne savoit pas que la grande puissance ne sert de rien pour acquerir une gloire précieuse, une vraie gloire, une réputation estimable, sans l'observation de

la

la juſtice envers ſes voiſins, & ſans la pratique
de la bienfaiſance envers ſes ſujets.

La grande puiſſance n'eſt qu'un piédeſtal fort
élevé, d'où l'homme eſt vû de loin, & de beaucoup plus de ſpectateurs; mais il n'eſt vu que
tel qu'il eſt; de ſorte que s'il eſt ignorant, ſu-
perſtitieux, injuſte, colère, vindicatif, méchant,
eſprit faux, ame baſſe & petite, il vaudroit
mieux pour ſa réputation n'être pas vu de ſi
loin, de tant de côtés, de tant de ſpectateurs,
& ſur un ſi haut piédeſtal.

Laiſſons le ſot vulgaire meſurer les hommes par leur puiſſance; le connoiſſeur les meſure par la grandeur des motifs de leurs entrepriſes, par l'amour de la vertu, juſtice & bienfaiſance, par la grandeur & la conſtance de
leur courage à ſurmonter les grands obſtacles,
& par la pénétration, l'étendue & la juſteſſe
de leur eſprit à choiſir les moyens les plus efficaces pour réuſſir dans les entrepriſes très difficiles & très utiles au Public.

Or où trouver de la grandeur, de la no-
bleſſe, de la vertu dans le déſir de devenir
plus riche & plus puiſſant? n'eſt-ce pas le
motif le plus commun des hommes, & des
hommes du commun? ſi ce motif eſt beau,

qui

qui eft le marchand qui n'ait pas ce beau motif, ce beau projet dans fa conduite ?

Un motif diftingué ce feroit de furpaffer fes
pareils en juftice, en patience, en politeffe, en
talens, en productions de l'efprit qui fuffent
utiles aux autres.

Il eft vrai qu'il a beaucoup plus travaillé que
fes prédéceffeurs à perfectionner la police de fon
Empire, & à diminuer la profonde ignorance
de fes fujets ; il étoit grand de ce côté là entre
les Mofcovites. Mais quelle a été fa fageffe dans
le choix de cette feconde femme, de cette femme débauchée ? quel choix pour lui aider à
gouverner l'Empire après fa mort ? quelle fageffe a-t-il montré dans l'éducation de fon fils ?
il pouvoit lui procurer de longue main, &
lui donner de fages précepteurs étrangers, qui
auroient apris la langue du pays pour lui infpirer du gout pour les Arts, pour les Sciences, pour la Navigation, & pour aprouver
fes projets ; étoit-il fage de confier cette éducation à des perfonnes du pays qui défaprou-
voient en fecret toutes les nouveautés utiles
qu'il introduifoit dans le gouvernement ? pouvoit-il attendre de fon fils autre chofe, finon
qu'il entrat dans les opinions de fes précepteurs

fu-

fuperftitieux, & de tous les ignorans qui l'environnoient dans fon enfance.

Il eft vrai qu'il voyoit dans fon fils marié
des opinions très contraires aux innovations
qu'il vouloit faire fubfifter ; mais pourquoi
défefpérer de le faire changer d'opinion ? Ne
pouvoit-il pas le faire voyager dix ans en
Europe ? Ne pouvoit-il pas l'environner de
perfonnes raifonnables & habiles, qui euffent
toutes confpiré à lui faire écouter la raifon ?
ou étoit donc la néceffité de le faire mourir
en cachette dans une prifon, plutôt que d'entretenir auprès de lui des perfonnes fages dans
fes voyages. Il y avoit du grand dans le Czar ;
il y avoit auffi du grand dans le caractére
du Roi de Suéde ; mais il s'en falloit bien
qu'ils fuffent grands de tous côtés, & fur-tout
en prudence, en juftice & en bienfaifance ;
ils ne connoiffoient pas la véritable grandeur de
l'homme, ils ne favoient pas qu'elle confifte
dans la grande vertu, prudence, juftice, &
bienfaifance.

Nous vimes cette année une efpéce de Teftament du feu Empereur de la Chine Camhi
mort en 1722. Ce Prince fe connoiffoit mieux
que le Czar Pierre en bonne gloire, c'eft qu'il

ne se vante pas de sa grande puissance, mais il se vante du bon usage qu'il a fait de sa puissance.

Les connoisseurs remarquent un endroit de ce Testament, où il se félicite d'avoir employé des sommes immenses durant son régne à faire de nouveaux canaux, de nouvelles digues, de nouveaux chemins pavés, & d'avoir trouvé par la supputation qu'il en fit faire lui-même, que ce qu'il avoit dépensé pour ses propres Palais ne montoit pas à la centiéme partie de ce qu'il en avoit couté pour les ouvrages utiles à son peuple.

Il usoit d'épargne sur les plaisirs, pour pouvoir être magnifique dans ce qui pouvoit procurer des commodités à ses sujets ; voila du grand ; voila du vrai grand, du côté de la sagesse, de la justice & de la bienfaisance : Cela prouve que les Princes de la Chine sont mieux élevés que les Princes d'Europe.

Le Roi épousa cette année la fille unique de Stanislas Roi de Pologne : la Reine est timide, pieuse, douce, féconde : elle ne se mêle que de ses enfans ; c'est par conséquent une Reine très désirable.

Monsieur le Duc Premier Ministre, pour rétablir

tablir le crédit public fongea à rembourfer une partie des rentes que devoit l'Etat ; ce fut pour faire ces rembourfemens que le Roi par déclaration du 5. Juin ordonna que chaque famille payeroit la cinquantiéme partie de fon revenu ; la vué étoit bonne, mais nous n'avons vû de rembourfement effectif que fous le Miniftére fuivant.

Cette vue de deftiner un fonds annuel pour les rembourfements eft d'autant plus importante à l'Etat, que le Miniftére trouve fouvent le long de l'année des dépenfes beaucoup plus utiles à faire que ces rembourfemens ; c'eft ce que prouvent tous les jours les Anglois dont nous tenons cette méthode ; mais nous n'avons pas eu affez de conftance pour en foutenir l'exécution.

A N N É E 1726.

Les Portugais découvrirent cette année une nouvelle mine d'or fort riche dans les montagnes du Bréfil à cent cinquante lieues de la Baye de tous les Saints, environ à douze degrés de latitude méridionale comme Lima : on dit que le Roi de Portugal en tirera tous les ans environ fix mille marcs d'or tous fraix

<table><tr><td>*Ann. Polit.* II. part.</td><td>M m</td><td>faits ;</td></tr></table>

faits; cette mine mettra tous les ans dans le commerce plus de fix mille autres marcs d'or en frais & en friponneries; ce qui feroit plus de neuf millions de livres de nôtre monnoye préfente, parce que le marc d'or qui vaut préfentement environ quinze marcs d'argent, vaut environ fept cent cinquante Livres en 1730. Auffi en 1746. il y aura en Portugal au moins deux cent quarante mille marcs d'or, ou cent quatre-vingt millions de Livres, plus qu'il n'y en avoit en 1725.

Cette augmentation de richeffes diminuera le travail des Portugais; car le peuple ne travaille qu'à proportion qu'il fent fes befoins, & à proportion du défir qu'il a d'augmenter fes richeffes; en général on obferve que les Efpagnols, qui font moins laborieux que les habitans des pays froids, tels qu'eft la Flandre, font devenus encore moins laborieux depuis deux cent ans, c'eft-à-dire depuis la découverte & la conquète de leurs mines d'or & d'argent. Auffi on peut dire que les François, les Anglois, & les Hollandois, peuples laborieux, actifs & induftrieux, auront toujours plus de part aux mines des Efpagnols & des Portugais que les proprietaires de ces mines;

mais

mais pour cela il eft à propos que chaque Nation ait foin d'encourager les manufacturiers & de faciliter le Commerce maritime.

La journée du fimple journalier de médiocre valeur augmente de prix à proportion qu'il y a d'or ou d'argent dans le pays du journalier ; & c'eft le prix de cette journée qui peut être regardé comme point fixe des différentes eftimations ; elle vaut fix fois plus d'argent à Lima au Pérou qu'elle ne vaut à Paris ; & elle vaut fix fois plus d'argent à Paris qu'elle ne vaut à Siam ou à Pondicheri fur la côte de Malabar.

De là il fuit qu'il y a autant à gagner à porter nos Manufactures de Paris à Lima , qu'il y a à porter les Manufactures de Pondicheri à Paris ; mais il faut bien fe garder de porter en France les Manufactures de toile & de foye de Pondichery , parce que cela ruineroit nos Manufactures de toiles & diminueroit fort nos Manufactures de laines.

De là il fuit que le commerce de l'Amérique durera autant que les mines dureront, & tant qu'il y aura une grande différence entre la grande quantité d'or & d'argent qui eft dans le Commerce des Amériquains , & la quantité de

ces

ces métaux qui eft dans le Commerce des Européans ; ce Commerce durera jufques à ce que
nos Manufactures portées à l'Amérique nous raportent plus d'or & d'argent, tous fraix faits,
que fi nous les vendions en Europe. La durée
du Commerce ne peut venir que de la différence du travail & de l'induftrie des peuples,
& de la différence de la quantité d'or ou d'argent qui eft parmi eux ; car l'or & l'argent
facilitent infiniment les échanges des denrées
& des Manufactures, comme les billets de crédit & les Banques facilitent infiniment les tranf-
ports d'argent.

Nous vîmes cette année un grand changement dans le Gouvernement. Mr. le Duc qui
avoit été deux ans & demi Premier Miniftre, fut exilé à Chantilly : la Marquife de Prie
fa maitreffe exilée à fa terre près de Lifieux
en Normandie : les quatre fréres Paris exilés
en diverfes Provinces : Mr. Dodun Controlleur
Général des finances remercié, M. Desforts mis
à fa place : M. de Bréteuil Sécretaire de la
Guerre remercié : M. le Blanc rapellé & réta-
bli à fa place de Secretaire d'Etat. L'Evêque
de Fréjus Précepteur du Roi ne voulut point
la qualité de Premier Miniftre, quoiqu'il en
eût

eût l'autorité & les fonctions ; il avoit feul la permiſſion de parler au Roi en particulier des affaires d'Etat ; les autres Miniſtres rendoient compte à Mr. de Fréjus, & lui feul rendoit compte au Roi ; ils ne parloient devant le Roi qu'en plein Conſeil.

Le Roi obtint bientôt après pour lui la dignité de Cardinal, & il s'apella le Cardinal de Fleury : nous n'avons point vû dans cette place d'homme plus déſintéreſſé , & qui cherchat les avantages du Roi & du Royaume avec des intentions plus pures & plus droites.

Tout le monde diſoit que ſi Monſieur le Duc eût voulu ou plutôt eût pû renvoyer Madame de Prie , & ſe conſerver avec l'Evèque de Fréjus , il feroit reſté à ſa place ; mais l'amour eſt plus fort que la mort, & par conféquent plus fort que l'ambition ; d'un autre côté ſi Madame de Prie ſe fût tenue dans les bornes de la prudence, & qu'elle n'eût pas voulu gouverner deſpotiquement Mr. le Duc, diſtribuer les emplois & graces contre les vues ſages de Monſieur l'Evèque de Fréjus, ſi elle l'eût porté à confentir à lui faire avoir le Chapeau de Cardinal, elle eût pu demeurer longtems à la Cour avec beaucoup d'au-

M m 3   tori-

torité & de crédit , & faire son mari Duc &
Pair ; mais comme il arrive souvent, elle avoit
de la vivacité pour plaire, & n'avoit pas assez
de patience & de prudence pour se conduire,
pour avoir soin des intérêts de ceux avec qui
elle avoit à compter, & pour entrer dans les
vues de l'Evêque sur le gouvernement du Roi
& de l'Etat.

Quand Mr. Desforts alla se faire recevoir à
la Chambre des Comptes en qualité de Controlleur Général des Finances , le Premier Préfident lui demanda de faire remettre à la Chambre les comptes rendus au feu Roi, ce qui fut
promis ; mais j'ai ouï dire que la chose n'a
pas été exécutée, apparemment, parce que les
Controlleurs Généraux ne veulent pas que
leur administration ni celle de leurs Prédéceffeurs puisse paroitre au grand jour ; je crois
cette négligence très défavantageuse au Roi
& au Royaume.

Mr. Hérault Lieutenant de Police a montré
depuis qu'il est en place beaucoup de prudence & beaucoup de vigilance ; j'en juge par le
nombre de ses Ordonnances & de ses Senten-
ces, par lesquelles il punit de tems en tems les
con-

contrevenans : Les Loix pénales ne doivent pas être de simples menaces.

On a depuis quelques années fait en Angleterre l'infertion de la petite verole : Le Docteur Jurin Médecin de la Societé Royale a publié le détail du fuccès de l'infertion faite à Londres durant l'année 1725. à cent quarante trois perfonnes, dont il eft mort feulement trois ; ce n'eft pas la quarantiéme partie ; au lieu que de ceux qui ont eu la petite verole fans infertion, il en meurt communément une cinquiéme partie à Paris ; tous les Princes & toutes les Princeffes d'Angleterre ont eu la petite verole par infertion ; ils n'en font point marqués ; c'eft une méthode établie parmi les familles de Conftantinople, qui leur vient des Circaffiens, peuples d'ailleurs très ignorans & très groffiers ; il faut bien qu'ils ayent comparé le nombre des morts & la grandeur des cicatrices de la méthode ordinaire avec celles de la méthode de l'infertion , & que par cette comparaifon ils ayent vû que la méthode de l'infertion eft beaucoup moins funefte, & moins cicatrifante.

J'aprens que par Acte du Parlement d'Angleterre de la douziéme année de la Reine Anne, la Nation a promis dix mille Livres fterlings

M m 4

à

à celui qui au jugement des Commiſſaires nommés aura trouvé le ſecret de déterminer en mer la longitude à vingt-cinq lieuës près, c'eſt-à-dire à un degré d'un grand cercle près ; & quinze mille livres ſterlings à celui qui la trouvera à ſeize lieues près ; & enfin vingt mille Livres ſterlings à celui qui trouvera cette longitude à douze lieuës & demie près, c'eſt-à-dire à un demi-degré près.

Cet Acte nous prouve que les Anglois ſont encore plus ſenſés & plus habiles politiques que nous ne ſommes ; mais la forme de nôtre Gouvernement peut beaucoup ſe perfectionner, ſi l'on établit parmi nous des Profeſſeurs en Politique, des Academies politiques, des Claſſes inférieures & ſupérieures, & dans ces Claſſes des Compagnies de trente pareils, & le Scrutin perfectionné par les Commiſſaires ſuivant la méthode attribuée au Dauphin Bourgogne.

A N N É E   1727.

Nous aprimes la mort du Roi de Maroc : il étoit ſur la quatre-vingt-dixiéme année ; il laiſſe deux cent enfans ou petits-enfans mâles, tous également légitimes ; & malheureuſement pour ce Royaume, il n'y a point de coutume ancienne, ne, il n'y a pas même de Loi nouvelle parmi eux, qui décide, comme dans les Etats d'Europe, que la Couronne apartient à l'ainé des enfans mâles, ou à son défaut à l'ainé de ses enfans, & de la Branche ainée même mineur, auquel cas sa mére a la Régence absolue, & fera entrer dans son Conseil qui il lui plaira jusqu'à la majorité; faute d'une pareille Loi, il est impossible qu'il n'y ait de la division & des guerres civiles pour le choix du Roi.

Le grand nombre de Princes du sang Royal cause un autre grand inconvénient, c'est que soit du dernier mort, soit de ses prédécesseurs, soit de son successeur, il peut y avoir un jour en même tems dans le Royaume de Maroc cinq ou six cent Chefs de famille, tous Princes du Sang ; or ce grand nombre de Princes du Sang ne peuvent pas tous avoir des biens & des pensions suffisantes pour les faire vivre avec dignité; ainsi ils sont dans la nécessité d'être confondus avec les autres sujets, & de là nait le peu de respect pour leur naissance, ce qui tend à diminuer le respect pour le Souverain qui est de la même maison qu'eux.

Il y a dans ce Royaume, comme à la Chine un droit dangereux pour la tranquillité

pu-

publique, c'eſt le droit à l'Empire que donne la nomination du Roi par Teſtament en faveur d'un de ſes Enfans, ou même d'un autre ſujet pour ſon ſucceſſeur. Les partis ont loiſir de ſe former pendant la vie du Roi; c'eſt que ſi le Roi nomme ſon ſucceſſeur, tout le monde s'attachera à cet Empereur futur, & l'Empereur lui-même ſe met en danger d'être détroné; & s'il ne laiſſe pas de nomination par teſtament, tout ſe trouve préparé à la diviſion lors de la mort; au lieu que dans le droit que donne la naiſſance ſeule indépendemment même de la volonté du Roi, tout eſt diſpoſé de longue main à l'obéïſſance au fils ainé ou à ſon fils, & par conſéquent à la tranquillité publique.

Il manque auſſi à notre Etat une Loi qui aſſure la Régence à la mére ſeule du Roi mineur, & qui lui donne le même pouvoir qu'avoit le feu Roi ſon mari de ſe choiſir un Conſeil & de déférer à la pluralité ou de n'y pas déférer; & quand il n'y a point de mére du Roi, il n'y a point encore de loi publiée qui donne la même Régence & le même pouvoir au plus proche héritier de la Couronne, nonobſtant les Teſtamens, & autres Actes du Roi

der-

dernier mort contraires à la loi ; il n'y a que la coutume, & il faudroit une loi écrite ; c'eſt un grand défaut dans nos loix fondamentales ſur ces articles, qui ſont de la plus grande importance dans un Etat ; il ne faut jamais qu'il reſte aucun cas qui ne ſoit pas décidé par la loi fondamentale écrite & publiée par un Roi ; il eſt trop dangereux pour la tranquillité publique de laiſſer quelque choſe indécis ; il y a beaucoup de cas à décider par cette loi fondamentale ; mais, à dire le vrai, l'obſervation de cette loi que l'on peut faire tant pour éviter les diviſions dans l'Etat que pour la ſureté du Roi mineur & du reſte de la famille Royale, ne ſera jamais aſſurée en Europe, tant qu'il n'y aura point de Diéte Européane toute-puiſſante & ſuffiſamment intéreſſée à l'obſervation de la loi, & à la conſervation de la famille Royale.

Le Roi d'Angleterre George Premier, de la Maiſon de Brunſwick, mourut à Hanovre dans ſes Etats d'Allemagne ; ſon fils unique George Second lui a ſuccédé, & a ſagement choiſi pour Premier Miniſtre Robert Valpole qui étoit dans un pareil crédit ſous le régne de ſon Pére.

Le plan de gouvernement de Robert Valpole, par lequel il a trouvé le moyen d'être né-

ceſſaire

ceffaire au Roi & utile à fa Nation, eft très
fimple, & très bien imaginé ; pour premier
point il faut plaire au Roi, & pour lui plaire
il faut qu'il gagne quelque augmentation des
revenus deftinés pour les dépenfes de fa maifon, & pour le refte des autres dépenfes de
fantaifie, dont il ne rend aucun compte à la
Nation : Ce font les revenus & les dépenfes
que les Anglois appellent revenus & dépenfes
de la lifte civile ; & pour cet effet il faut qu'il
foit fûr dans la Chambre Baffe de la pluralité
des voix lorfqu'elle délibère fur les petites augmentations du revenu de la lifte civile.

Or pour être fûr de nombre de voix, il faut
d'un côté acheter quelques voix dans les Elections des Membres du Parlement, & payer
quelques penfions à ceux qui favent mieux
parler, & mieux écrire fur les affaires publiques.

Pour fecond point, il faut plaire à la Nation,
& pour lui plaire il faut vifer à lui procurer
les plus grands avantages, & prendre autant
qu'il eft poffible dans la Chambre Baffe les partis qui font réellement les plus avantageux à la
Nation ; car les Anglois non paffionnés, & at-
tachés au bien public, font toujours en plu
grand

grand nombre & tendent alors à foutenir un Miniſtére qu'ils voyent prefque toujours attaché aux plus grands intérêts de la Nation.

Valpole n'a pas de peine de faire entendre au Roi que les Anglois ne fauroient augmenter leurs revenus, que fa puiſſance & fon revenu n'en foient confidérablement augmentés ; & comme il eſt fort éclairé fur les plus grands intérêts de la Nation, & qu'il fait apuyer les bons partis par les membres les plus éloquens, il l'emporte de beaucoup en fuffrages fur le nombre des mécontents & des factieux, qui fouvent n'ont pas la raifon & le vrai intérèt de l'Etat pour but, mais feulement la deſtruction du Miniſtre.

Il fait donner habilement des penfions par le Roi à certains membres de la Chambre Baſſe : il prend le fonds de ces penfions dans les augmentations de la liſte civile, & procure les augmentations de cette liſte civile par le fuffrage de ces Penfionnaires du Roi ; & c'eſt ainſi qu'il trouve le moyen de faire entendre raifon à la Nation, & de gouverner les Anglois fuivant leurs véritables intérêts, & fuivant les plus grands intérêts du Roi.

On

On m'a assuré qu'il s'est fort enrichi; si cela est, je n'estimerai pas son désintéressement, autant que j'estime celui du Cardinal de Fleury nôtre Premier Ministre.

Le trente-uniéme May les Plénipotentiaires de France, de l'Empereur, d'Angleterre, d'Espagne, & de Hollande signérent à Soissons un traité préliminaire que l'Espagne refusa de ratifier.

Par ce traité l'Empereur convenoit de suspendre l'exécution de la Compagnie d'Ostende, & tous promirent de suspendre leurs prétentions réciproques durant quatorze ans, pendant lesquels on négocieroit des accommodemens pour ce qui reste à régler entre les Alliés & entre les Princes du Nord ; on dit que ce traité fut proposé par l'Empereur. Sinzendorf Premier Ministre de l'Empereur, y proposa une ligue pour garantir l'indivisibilité des Etats de l'Empereur; la France refusa de la signer, parce que dans l'état d'impolice où est l'Europe, une pareille ligue ne pourroit subsister ; elle ne remédie point aux sujets de guerre, ni à la guerre, tant qu'il n'y a point de Diéte Européane pour terminer sans guerre par l'autorité

des

des Arbitres les différends futurs entre Souverains.

Il manquoit donc à ce traité plusieurs conditions pour le rendre durable & pour en faire une paix solide.

1°. Il faloit convenir que tous les Souverains d'Europe feroient invités d'accéder au traité, & que leurs Plénipotentiaires demeureroient toujours assemblés.

2°. Pour les y engager il faloit que les Alliés convinssent de garantir réciproquement les Etats qu'ils possédent actuellement, les droits acquis contre leurs voisins par les derniers traités & l'exécution entiére de ces traités.

3°. Il faloit convenir entr'eux que si les différends nés & à naître ne pouvoient être réglés par médiation, ils feroient réglés par arbitrage à la pluralité des voix des Alliés pour la provision, & aux trois quarts des voix pour la définitive.

Sans ces conventions fondamentales, nulle sureté de la durée de la paix, nulle sureté de l'exécution de ces traités, nulle sureté contre les nouvelles hostilités, & contre les nouvelles guerres.

4°. Il faloit même déclarer que si dans deux

ans

ans quelque Prince refuſoit d'y accéder, il ſeroit regardé & traité comme ennemi de l'Alliance générale.

L'Eſpagne ne voulut point ratifier les articles
préliminaires, parce que le Miniſtre de la guerre en Eſpagne, & le Général des Eſpagnols
avoient promis imprudemment au Roi d'Eſpagne de prendre Gibraltar ſur les Anglois : ils
employérent plus de dix millions, & beaucoup
de ſoldats à ce ſiége, & ils n'y réuſſirent
point.

Menzikoff Premier Miniſtre de Moſcovie
fut diſgracié & envoyé dans un Château en
priſon, à quatre cent lieues de Petersbourg,
en Sibérie, dans un pays encore plus froid ;
il étoit accuſé de diverſes malverſations ; mais
il y en avoit une très évidente, c'étoit l'amas
des richeſſes immenſes ; ce qui n'avoit pû ſe
faire en vingt ans ſans de grandes injuſtices :
ſes terres, ſes pierreries, ſa vaiſſelle d'or &
d'argent, ſes beaux tableaux, ſes tapiſſeries,
ſon argent comptant montoient à ſix millions
de roubles ou d'onces d'argent, ou trente millions, ſans ce qu'il pouvoit avoir dans les Banques étrangéres ; ſomme exorbitante pour ce
pays-là.

Il

Il avoit commencé enfant par vendre des petits pâtés à Moſcow; mais comme il avoit de l'eſprit & une jolie figure, il plut au Czar, qui le prit à ſon ſervice; & après la mort de la Czarine, il ſe trouva ſi puiſſant, & ſi inſolent, qu'il réſolut de faire épouſer ſa fille au jeune Czar, & la ſœur du Czar à ſon fils; les fiançailles furent même faites au grand mécontentement des Grands & de toute la Nation; mais chacun cachoit ſon ſentiment, parce qu'il avoit eu le crédit de faire mourir pluſieurs perſonnes de conſidération qui lui avoient réſiſté.

La feue Czarine eſt encore un autre prodige de fortune: elle étoit Livonienne de très baſſe naiſſance & demeurée ſans biens, ſans pére & ſans mére; un Curé Luthérien la prit par charité pour la mettre auprès de ſes enfans; mais devenue trop grande & trop jolie, le Curé la maria à un tambour; un Colonel Moſcovite la prit, & la fit connoître à Menzikoff chez qui elle demeuroit, pour avoir ſoin du linge & pour faire quelques ragouts; ce fut chez Menzikoff que le Czar en devint amoureux, & puis il l'épouſa; il y avoit longtems qu'il avoit répudié l'Impératrice mére du Prince de Moſcovie; répudiation qui n'étoit pas fort réguliére.

Ann. Polit. II. part.   N n   A N-

Année 1728.

Le Roi de Dannemarck, qui fongeoit à transférer à Altena, vers l'embouchure de l'Elbe, le Commerce que les Marchands de fa ville capitale font aux Ifles Orientales, où ils ont un établiffement à Tranquebar vers le Cap Comorin, vient de recevoir un compliment peu gracieux de la part du Roi d'Angleterre, qui lui a fait dire qu'il regarderoit ce nouvel établiffement comme une rupture.

Le Roi de Dannemarck lui a répondu fagement, qu'il le prie de confidérer, 1°. Que les Rois de Dannemarck n'ont pas moins de droit que les Rois d'Angleterre & tous autres Souverains de faire commerce aux Indes: 2°. Que jufqu'ici le Roi d'Angleterre n'a pas regardé comme une injuftice ni comme un fujet de rupture l'établiffement de Commerce entre Tranquebar & Copenhague, parce que par aucun traité avec l'Angleterre, le Roi de Dannemarck n'avoit cédé le droit qu'il avoit de faire ce Commerce. 3°. Que depuis cet établiffement fait à Copenhague il n'avoit point promis & ne s'étoit point engagé par aucun traité à ne point faire paffer cet établiffement dans une autre Vil-

Ville de fes Etats. 4°. Qu'ayant confervé le même droit qu'avoit le Roi d'Angleterre, de faire paffer de pareils établiffements d'une Ville à une autre pour la plus grande commodité, & pour le plus grand avantage de fes fujets, il efpéroit que Sa Majefté Britannique ne condamneroit pas dans le Roi de Dannemarck une conduite que perfonne ne pourroit jamais condamner dans le Roi d'Angleterre. 5°. Qu'ainfi il avoit raifon de ne pas craindre que le Roi d'Angleterre voulût regarder le Commerce d'Altena aux Indes, ni comme un fujet de rupture d'alliance, ni comme hoftilité; d'autant plus qu'un marchand ne pouvoit pas être accufé d'injuftice par un autre marchand de la même profeffion, pour changer de boutique & de demeure dans une même Ville. 6°. Qu'il ne croyoit pas fe tromper en difant qu'il n'y avoit aucune injuftice dans fon entreprife dont la Nation Angloife pût fe plaindre; qu'enfin il vouloit bien dans cette affaire s'en raporter & prendre pour arbitres tous les autres Souverains d'Europe.

De là il eft facile de voir que les Suédois, les Ruffiens, les Pruffiens & les autres Nations d'Europe, voyant combien le Commerce ma-

riti-

ritime eſt important pour enrichir les Peuples & les Souverains , ne feront pas longtems fans faire une ligue défenfive pour avoir la liberté de faire eux-mêmes leur propre Commerce aux Indes , fans être obligés d'acheter des Anglois & des Hollandois les marchandifes des Indes.

De là il eſt facile de prévoir que le Commerce des Hollandois & des Anglois qui s'eſt ſi fort augmenté , par l'extrême négligence des autres peuples & par l'extrême ignorance de leurs Miniſtres , eſt parvenu à un point d'élévation dont il ne peut plus que defcendre & s'affoiblir tous les ans peu à peu par l'augmentation annuelle du Commerce des autres Nations , lorfqu'elles fortiront de leur profond affoupiffement fur leurs plus grands intérêts.

Le Roi de Portugal eſt brouillé avec la Cour de Rome , parce que le Pape lui a refufé de nommer Cardinal le Sieur Bichi Nonce à Liſbonne : il a ordonné aux Portugais de fortir de Rome & de l'Etat du Pape fous peine de défobéiffance ; Le Pape de fon côté a défendu aux Religieux Portugais de fortir de Rome fous peine d'excommunication : *nemo poteſt duobus Dominis fervire.*

Le

Les sages Politiques sont étonnés de ce que le Roi de Portugal a sollicité des places de Cardinaux pour des Portugais naturels ; n'est-ce pas inviter ses sujets les plus accrédités à prendre contre lui les intérêts de la Cour de Rome, qui cherche toujours à empiéter sur l'autorité des Souverains Catholiques ?

Le Roi de Portugal a senti que la jurisdiction de l'Inquisition abusoit de son pouvoir, & que ces abus obligeoient un grand nombre de familles de Commerçans de ses sujets à se réfugier dans d'autres Etats, & d'y porter leurs biens & leur industrie : ainsi pour ne pas perdre tant de sujets, il a ordonné sagement que le Procureur Général accusateur communiqueroit à l'accusé les articles d'accusations & le nom des témoins, & que l'accusé auroit liberté de choisir un Avocat & de conférer avec lui ; il a de plus défendu d'exécuter aucune sentence de l'Inquisition qu'elle n'eût été confirmée par le Conseil : il y a longtems qu'un réglement si sage & si raisonnable devoit avoir été fait : on croit que c'est le fruit de la nouvelle Académie établie à Lisbonne, qui chassera peu à peu l'ignorance & les crimes que conseille la superstition fille de l'ignorance.

N n 3

La

La Pefte fait un moindre ravage à Conftantinople, depuis que les Turcs, à l'imitation des
Chrêtiens, font murer les quartiers empeftés,
& qu'ils pofent des gardes pour empêcher la
communication & le Commerce, en donnant des
vivres fuffifans aux quartiers murés.

Les Turcs ont commencé à imprimer leurs
livres de Religion à Conftantinople; c'eft un
moyen de diminuer leur grande ignorance, &
par conféquent les vices de leur fanatifme.

Il y a eu à Copenhague un terrible incendie;
prefque la moitié de la Ville a été brulée.

Ce qui empêchera les grands incendies à Paris, c'eft qu'il y a des éteigneurs gagés par la
Ville; d'ailleurs le plâtre dont les bâtimens
de bois font enduits, retarde fort l'embrafement;
il y a même beaucoup de maifons de pierre:
or le retardement de l'embrafement donne le
loifir de le prévenir, en abattant les maifons
voifines de l'incendie.

A N N E'E 1729.

Les Algériens, par un traité fait avec le Roi
de Suéde, ont promis de ne point attaquer de
vaiffeaux Suédois, moyennant un tribut ou
préfent en poudre, en canons de fufil, en pif-
to-

tolets, en canons de bronze & de fer, en cables & en mâts pour environ cinquante mille piaſtres ou onces d'argent.

Ils ont déclaré au Commandant Hollandois, qui a porté les préſens ou le tribut de la République, qu'ils ne les trouvoient pas de la valeur en piaſtres ſtipulée par le traité fait avec la République; le Commandant a été obligé d'en convenir & de promettre un ſupplément; on a aſſuré que les Anglois & les Marſeillois payoient aux Algériens de ſemblables tributs annuels & proportionnés à la grandeur de leur Commerce dans les ports des Turcs.

Pour les Eſpagnols, les Portugais, & les Italiens, comme ils ne font point de Commerce chez les Turcs, ils ne ſont point tributaires des Algériens; mais les Algériens font des deſcentes ſur les côtes, y enlévent des eſclaves & des beſtiaux, & prennent leurs barques deſtinées pour leur petit Commerce.

Il y a auſſi des Corſaires à Tunis & à Tripoli de Barbarie; je ne doute plus que les mêmes Nations ne leur payent auſſi quelque ſorte de tribut par forme de préſent, pour avoir paix avec eux: je ſai bien que l'on cache tant que l'on peut le payement de ces tributs & de

N n 4 ces

ces préfens : les Tributaires en font un peu moins honteux quand ils font ignorés ; mais ces tributs n'en font pas moins réels & moins onéreux.

Il feroit glorieux à ces Nations de fe délivrer de ces Corfaires, en donnant aux Chevaliers de Maithe, qui font fi bien fitués & déja fi redoutés par ces Corfaires, des fecours moindres de la moitié que ces préfens ou tributs honteux. Je ne doute pas même que les Efpagnols, les Portugais & les Italiens ne donnaffent auffi des fecours aux Malthois pour fe garantir de pareilles craintes & de pareils maux ; mais ce fera le fruit d'une paix, ou d'une trève générale entre les Nations Chrètiennes ; quand elles n'auront plus de haines réciproques & particuliéres, alors elles fongeront à leurs intérèts communs.

J'ai vu un état des troupes Mofcovites ou Ruffiennes ; je fuis furpris de voir que cet Etat entretienne actuellement en tems de paix deux cent mille hommes d'infanterie, & quatre-vingt mille chevaux ; ils ont beaucoup d'Officiers Allemands propres à les difcipliner ; le Czar peut encore mettre fur pied plus de cent mille hommes de milices Tartares ou Cofaques,

ques, qui font fous fa domination ; troupes plus propres à piller qu'à combattre. Cet Etat eft encore bien mal policé, & par conféquent peu folidement fondé.

Monfieur le Duc de Lorraine vient de mourir ; c'étoit un bon Prince, d'efprit médiocre, gouverné par Madame de Craon, qui de concert avec fon mari a amaffé tout ce qu'elle a pu : ainfi le Duc de Lorraine d'aujourdhui trouve beaucoup de Domaines aliénés, & beaucoup de dettes à payer.

Nous avons vu en Angleterre une Ordonnance très fage qui remédie à une mauvaife loi qui y étoit, par laquelle la plupart des dettes étoient exigibles par corps, & pour lefquelles on pouvoit mettre fon débiteur en prifon ; nos loix n'étendent pas la prifon à tant de fortes de dettes, mais nous avons encore la moitié trop de pareils prifonniers.

Par ce nouveau réglement nul ne peut plus être mis en prifon s'il ne doit à un même homme cinq cent livres fterlings, c'eft-à-dire environ deux cent marcs d'argent, pourvu qu'il déclare tous fes biens à fes Créanciers ; mais fi fa déclaration fe trouve fauffe & faite avec mauvaife foi, il eft puni de mort.

Par

Par le dénombrement des prisonniers qui ont eu la liberté par ce réglement, il s'en est trouvé plus de quatre-vingt dix-sept mille ; or c'étoit une grande perte pour l'Etat ; car à supposer la perte de cent mille francs par jour l'un portant l'autre, ce seroit plus de trente-six millions par an que ces cent mille hommes auroient pû gagner dans leurs métiers & dans leurs différens Commerces, étant mis en liberté.

Nous avons été témoins d'une grande entreprise de la Cour de Rome sur les libertés de l'Eglise Gallicane. Tout le monde sait que le Pape Grégoire VII. connu auparavant sous le nom de Hildebrand, Moine de Cluni, fils d'un charpentier, excommunia, dépouilla & déposa l'Empereur Henri IV. & déclara ses sujets libres du serment de fidélité ; ce Pape mourut à Salerne le 25e. Mai 1085.

Comme les prétentions de la Cour de Rome ne vont pas à moins que de vouloir faire croire aux Chrêtiens que le Pape a le pouvoir de déposer les Rois & de délier leurs sujets de la fidélité & de l'obéissance qu'ils leur doivent, & que c'étoit la doctrine d'Hildebrand, les Etats Souverains ont grand intérêt de ne pas reconnoitre noître comme Saint, un Pape qui a été un des principaux auteurs d'une doctrine si fausse, si séditieuse & si contraire à la tranquillité des Nations Chrêtiennes.

Le dessein du Pape Benoît XIII. Orsini é-toit d'introduire dans le Bréviaire Romain qu'on dit assez ordinairement en France, la fête & l'Office de ce Grégoire VII; il avoit sur cela donné une Bulle à laquelle quelques Evêques & le Parlement se sont vigoureusement oppo-sés, ce qui a fort fâché la Cour de Rome.

Je prévois que cette Cour avec de pareils principes entreprendra souvent & menacera souvent d'excommunication, & que peu à peu on s'accoutumera si bien à ces menaces injus-tes, & que les François en feront si peu de cas, que le schisme avec cette Cour arrivera, sans que personne en soit plus allarmé qu'on le fut à Venise de pareilles excommunications que le Pape Paul V. lança follement contre cette République; chacun demeurera dans sa place & dans ses fonctions comme s'il n'étoit rien arrivé.

Il arriva le 27. Juillet un furieux embrase-ment à Constantinople : le tiers de la ville fut brulé en moins de dix-huit heures : cent cin-

quan-

quante Mofquées, fept Eglifes Grecques, dix Synagogues, cinq Eglifes Latines ; comme ce fut le long du jour, il n'y eut que huit cent perfonnes étoufées ; on croit que c'eft une perte de plus d'un million de marcs d'argent, ou cinquante millions de Livres de notre monnoye préfente. Les Turcs ont fagement impofé une taxe pour la fubfiftance des pauvres incendiés.

Le port de la Rochelle fe trouve fi rempli de vafe, que pour le nettoyer on croit qu'il en coutera au moins cinq cent mille livres. Le Confeil a réfolu de lever cette fomme fur les tailles feulement, ce qui eft une injuftice ; il faudroit en lever la moitié fur la capitation & fur les entrées des Villes, afin que chacun portat plus facilement fa part de ce fardeau.

Il nous eft né cette année le 4. Septembre un Dauphin, ce qui nous a caufé beaucoup de joye, & avec raifon, car c'eft une augmentation de fureté de la durée de la tranquilité de l'Etat.

Le 9. Novembre les Plénipotentiaires de France, d'Efpagne & d'Angleterre fignérent à Seville un Traité d'alliance & de pacification auquel les Hollandois ont accédé. Les Alliés demeurent garants les uns envers les autres de la conſervation entiére de leurs Etats , & de l'éxécution de leurs traités : ils ſont convenus même de s'aſſiſter mutuellement de douze mille hommes , & même de déclarer la guerre à quiconque attaqueroit un Allié.

Mais pour rendre cette Alliance durable & parfaitement pacifique , il falloit encore quatre conventions.

1°. Il faloit convenir que les Alliés travailleroient de concert dans toutes les Cours pour engager les Souverains à accéder au traité , quant à ce qui regarde la conſervation réciproque des Etats & des Maiſons Souveraines , & à l'exécution des derniers traités.

2°. Il faloit convenir qu'en cas que deux Souverains euſſent des différends à régler , & que les Commiſſaires médiateurs ne puſſent pas les accommoder , aucun ne prendroit les armes pour les décider par la force , mais qu'ils feroient terminés par proviſion à la pluralité de voix des autres Alliés , & aux trois quarts des voix pour la définitive.

3°. Il faloit convenir d'un Congrès perpétuel , d'une Diéte perpétuelle d'Europe , en

tel

tel endroit par provifion, pour y accommoder ou pour y juger les différends des Membres entr'eux.

4°. Il faloit convenir que celui qui ne voudroit pas exécuter le jugement des Alliés feroit
regardé & traité par eux comme perturbateur de
la tranquillité publique ; & comme ennemi de la
Societé Européane.

Il fortit en quinze jours fur la fin de Décembre des Ports d'Angleterre cent foixante
vaiffeaux : refte à favoir combien il en fortit
les premiers jours de ce mois-là, & combien
il en eft forti les autres mois : cela prouve un
prodigieux Commerce en comparaifon de ce qui
s'en fait dans le Royaume de France, qui eft
pourtant encore mieux fitué pour le Commerce
des deux Mers que l'Angleterre, & qui a deux
tiers plus d'habitans.

A Londres on a batifé en 1729. huit mille
fept cent trente-fix mâles, & huit mille trois-
cent vingt-quatre femelles ; total dix-fept mille
foixante perfonnes ; ainfi il naitroit la vingt-deu-
xiéme partie plus de mâles que de femelles ; fur
vingt-deux mâles il naitroit vingt-une femelles.

En 1728. les Batèmes de Paris montent à
dix-

dix-huit mille cent quatre-vingt-neuf : ce calcul prouveroit qu'il y a plus d'habitans à Paris qu'à Londres, ce que j'ai de la peine à croire, à caufe de quelques fupputations contraires en 1727. Les Batèmes à Paris excédoient de cinq-cent ving-fix les Batèmes de 1728.

Ce qui doit furprendre à Londres c'eft le grand nombre des morts qui monte à vingt-neuf mille fept-cent vingt-deux, ce qui eft plus de dix-neuf cent plus que l'année précédente 1728. A Amfterdam il eft mort neuf mille fix cent dix-huit perfonnes en 1729. mais en 1728. il en mourut quinze - cent quarante - fix de plus.

Les Batèmes de Vienne de l'année 1729. montent à cinq-mille cinq-cent foixante & treize perfonnes. Les morts montent à huit mille deux cent quatre-vingt-deux, favoir dix-huit cent feize femmes, dix - huit cent cinquante - cinq filles, deux mille cinq-cent foixante-quinze hommes, & deux mille quarante - deux garçons ; il nait plus de mâles que de femelles.

A N N E´ E   1730.

Le Roi a eu vingt ans au quinze Fevrier cette année : Il a pris confiance entiére au Cardinal

de

de Fleuri son Précepteur, qui a beaucoup d'esprit, des intentions droites pour le bien public, & un grand désintéressement pour lui & pour sa famille ; il est vrai qu'il est arrivé peu habile dans les affaires au Ministére ; mais il a assez bon esprit pour juger de la conduite des Ministres particuliers & pour les faire bien travailler.

Il a été informé de la conduite imprudente de Monsieur Pelletier des Forts Ministre des Finances sur les Actions de la Compagnie des Indes qui étoient dans le dépôt public, & il l'a chassé du Ministére, parce qu'il s'étoit sottement laissé tromper par des fripons à la sollicitation, dit-on, de sa femme, & de son beau-frére.

Ce Ministre Général a pris une maxime pour sa conduite avec nos voisins qui me paroit très sage & très avantageuse à l'Etat, c'est de tenir l'Europe en paix, malgré la colére, les ressentiments, & les projets ambitieux de la Reine d'Espagne régnante, Elizabeth de Parme, qui croit avoir intérèt pour son fils Dom Carlos d'allumer une grande guerre contre toutes les Puissances d'Europe : je ne sai combien cette tranquillité durera.

On

On vient de recevoir des nouvelles de Conf-tantinople qui nous aprennent que le Grand Seigneur Achmet III. a été dépofé & enfermé dans un Palais avec vingt de fes femmes à fon choix, que le Vifir, le Capitan Bacha & trois autres Principaux ont été étranglés, & que le neveu du Grand Seigneur a été élevé fur le Trône.

Un fimple Janiffaire va dans un Marché à Conftantinople, un drapeau blanc fufpendu à une pique ; il affemble le peuple autour de lui, & crie que le Miniftère a tort de faire la guerre aux Perfans leurs fréres, & qu'il vau-droit mieux la faire aux chiens de Chrêtiens : le premier jour 28. Septembre il affembla jufqu'à fix cent tant Bourgeois que Janiffai-res, qui crioient tous, *paix avec nos fréres* ; le lendemain dès le matin il s'y en trouva deux mille, & le furlendemain plus de vingt mille, qui allérent au Serrail, dépoférent le Grand Sei-gneur, & le mirent dans une Tour ; ils firent fortir fon neveu du Serrail & le mirent fur le Trône.

Achmet III. étoit en Afie vis - à - vis Conf-tantinople ; il eut l'imprudence de paffer dans le

Ann. Polit. II. part.   O o   Serrail

Serrail au lieu de fe tenir dans fon Camp en Afie. Le Grand Vizir n'eut pas l'attention de faire paffer à Conftantinople toute la nuit du premier jour affez de troupes pour diffiper les affemblées du lendemain, & cette négligence lui a couté la vie.

On ne fauroit trop fe preffer pour éteindre les premiéres étincelles du feu du la fédition, c'eft que les féditieux s'aperçoivent bientôt qu'ils ne fauroient fe fauver que par un incendie, & par un bouleverfement général ; ainfi ils ne dorment point & mettent tout en œuvre pour s'attirer des complices, & pour rendre leur crime impuniffable en le rendant général, &, pour ainfi, dire le crime de la Nation.

Nous n'avons point encore ici d'idée nette de la police du gouvernement des Turcs à Conftantinople.

Monfieur le Duc d'Orléans vient de remettre au Roi fa démiffion de la Charge de Colonel-Général de l'Infanterie : elle avoit été fupprimée en 1639. à la mort du Duc d'Epernon, & avec raifon : elle avoit été recréée durant la Régence en faveur de Mr. le Duc d'Orléans ; mais comme le Roi en avoit pris lui-

lui-même la principale fonction, de nommer aux Places de Capitaines, & comme cette Charge n'avoit par conséquent plus de fonctions importantes, il a sagement fait d'en remettre le titre qui lui étoit inutile, à lui qui est le premier Prince du Sang; & cela fait juger que le Roi remboursera un jour les Charges de Colonel-Général, de Mestre de Camp Général, & de Commissaire-Général de la Cavalerie, & celle des Dragons, comme inutiles, sur-tout depuis l'établissement des Directeurs & des Inspecteurs; & effectivement ces Charges ne devroient point être vénales. Tout emploi tant soit peu important devroit être donné par la méthode du Scrutin, au prétendant le plus estimé entre trente pareils, & pour un tems, & n'être jamais vendu au plus offrant.

ANNÉE 1731.

La Compagnie des Indes a retrocédé au Roi le privilége de l'établissement de la Colonie de la Louisiane établie sur le fleuve de Mississipi. Ainsi la Régie de cette Colonie a passé du Ministre des Finances au Ministre de la Marine;

    &

& comme l'entretien de cette Colonie étoit plus onereux qu'utile à cette Compagnie, elle a fait fagement d'en remettre la régie au Roi, qui peut la rendre un jour très utile au Royaume, en continuant de faire les avances néceffaires durant plufieurs années, avant que de fonger à en tirer un profit proportionné à ces avances.

Je crois ces Colonies utiles à la Nation, & particuliérement celles qui approchent plus de la Ligne équinoctiale, pour avoir commodément les denrées qui ne croiffent que dans les Climats très chauds, comme Cayenne, l'Ifle de la Martinique & les autres Ifles, d'où nous tirons & d'où nous pouvons tirer le Cacao, le Caffé, le Sucre &c. & dont le Commerce nous forme beaucoup de Matelots.

Je ne difconviens pas que les Colonies peuvent facilement être enlevées par des Etrangers. Je conviens qu'elles affoibliffent l'Etat en partageant fes habitans & fes forces. Il en eft moins propre à réfifter aux forces d'un Conquérant voifin ; mais cette objection contre les Colonies ceffera, dès que le Tribunal Européen fera établi, parce qu'il n'y aura plus ni Con-

Conquerans , ni revoltes à craindre, ni pour l'Etat, ni pour les Colonies. Toutes les denrées feront même d'autant moins chéres pour le Public, qu'il y aura une plus grande liberté de Commerce par tous les Pays du monde.

J'ai vû avec joye, que la Cour commençoit à exécuter le beau projet de rendre le Droit François uniforme dans toutes les Provinces de France, & j'y ai été d'autant plus fenfible que j'avois imprimé à Paris en 1715. un Mémoire fur ce fujet. Il a donc paru une Ordonnance fort ample fur les Donations. C'eft environ la vingt-quatriéme partie de tout l'ouvrage.

Par le tems que cette Ordonnance a été à fe former , on peut juger que la premiére ébauche du Droit François fera finie dans quarante ou cinquante ans. Si je l'appelle premiére ébauche, c'eft qu'elle fe perfectionnera tous les vingt ans par les expériences & par les obfervations des Juges & des Jurifconfultes qui envoyeront leurs Mémoires au Bureau de Législation qui fubfiftera toujours pour perfectionner de tems en tems chaque Edit fur chaque matiére.

O o 3   L'E-

L'Etat pourroit facilement abréger le tems de cette Législation uniforme ; mais il faudroit le triple de penfions à trois fois plus d'excellents travailleurs & trois fois moins occupés à d'autres affaires.

Il nous manque une édition de cette Ordonnance qui contienne les motifs de la Législation fur chaque article. Cette édition motivée pourroit fervir aux Juges, 1°. pour mieux s'affurer de l'efprit de la Loi, & de l'intention du Législateur, en jugeant le cas de la Loi, ou un cas à peu près femblable, mais non décidé par la Loi.

2°. Ces motifs ferviroient aux Juges à s'affurer eux-mêmes de la bonté de leurs découvertes, lorfqu'ils auroient trouvé quelques moyens d'aller encor plus droit vers le but de la meilleure Loi, c'eft-à-dire vers la plus grande utilité publique, en propofant au bureau de Législation, ou d'autres articles, ou de certaines modifications de quelques articles de la Loi ; or fans une pareille affurance les bons efprits timides n'oferoient jamais fonger à perfectionner un ouvrage humain tel qu'une Loi qui eft cependant de fa nature toujours perfectionnable.

3°. Ces

3°. Ces motifs connus arrètérent souvent l'impétuofité de certains efprits préfomptueux & hardis qui font portés au changement fur la moindre apparence de perfectionnement , & fans attendre une démonftration parfaite qui prouveroit que tel changement feroit beaucoup plus avantageux que nuifible.

Le talent de Législation demande non feulement une grande étendue & une grande juftefle d'efprit ; mais il demande encore une grande connoiffance de la morale & de tout ce qui peut le plus contribuer à la plus grande utilité du plus grand nombre de familles. Il demande auffi une grande expérience fur ce qui fait le plus fouvent naître des procès.

De là il fuit que je doute que l'on puiffe bien former le bureau de Législation que par Scrutin entre pareils , foit pour les Commiffaires de la Loi , foit pour les Jurifconfultes qui doivent être confultés. Je doute même que le Gouvernement préfent fourniffe d'affez fortes penfions aux membres pour les dédommager avantageufement des travaux qu'ils faifoient pour les particuliers , auxquels ils ne pourront plus vaquer , dès qu'ils feront occupés entiérement de l'ouvrage public.

O o 4

Pour

Pour avancer l'ouvrage & l'achever en dix ans, il faudroit fix travailleurs, gens de quarante-cinq à cinquante ans, & fix aides foustravailleurs auffi penfionnaires de trente-cinq à quarante ans auffi choifis au Scrutin ; car je crois que ce Bureau de Législation qui fera perpétuel doit être regardé comme un nouveau métier, auquel les jeunes ouvriers doivent être formés de bonne heure par les vieux & par les fréquentes difputes des conférences prefque journaliéres.

Monfieur le Chancelier préfide fouvent à ces conferences, & il ne fauroit infpirer aux travailleurs par fes louanges trop de courage, non pas tant pour avancer promtement que pour faire leur ouvrage avec plus d'exactitude & de jufteffe.

Il feroit à propos qu'après que le Travailleur a fait fon travail muni de fes motifs & de fes raifons, la copie en fût envoyée au Bureau de Correfpondance de chaque Parlement, pour en avoir les obfervations ; mais il faudroit que ce Bureau de Correfpondance eût été formé par fcrutin trois ou quatre ans auparavant ; car fans cela le Bureau de Légiflation ne pourroit pas en efpérer de bonnes obfer-

obſervations bien démontrées. Il faut, s'il eſt
poſſible, que les Bureaux particuliers de Légiſ-
lation des Provinces, pour ètre des Correſpon-
dants utiles, ſoient, pour ainſi dire, à l'uniſ-
ſon des lumiéres avec le Bureau général. Alors
ceux qui dans ce Bureau ont voix délibérative
décideroient ſur ces obſervations avec une entiére connoiſſance de cauſe.

Il y a une vieille querelle entre les Parlements qui ſoutiennent les libertés de l'Egliſe
Gallicane, & la Cour de Rome qui veut toujours empiéter & accroitre l'autorité Eccléſiaſ-
tique aux dépens de l'autorité Royale. Les
Parlements jouïroient en repos de leur autorité,
ſi parmi les Evèques il n'y en avoit point
qui favoriſaſſent les prétentions exorbitantes
de la Cóur de Rome contre leur propre Patrie; or il n'y auroit point de pareils Evèques
mauvais François, s'ils n'avoient point l'eſpérance de devenir Cardinaux.

Il ne faut pas compter que ces querelles
entre quelques Evèques & les Parlements finiſ-
ſent, tant qu'on laiſſera aux Evèques l'eſpérance de ſe faire Cardinaux ; l'intérèt particulier
l'emporte toujours de beaucoup ſur l'intérèt de
la Patrie dans les ames vulgaires qui préfé-
rent

rent toujours une grande confidération extérieure de la part du Peuple à l'eftime des perfonnes
fages & vertueufes.

Nous avons un excellent Magiftrat de Police. Il eft vrai qu'il a trouvé la Police portée
à un haut point de perfection par feu Mr.
d'Argenfon ; mais c'eft beaucoup de la foutenir, & d'y ajouter plufieurs perfectionnemens
comme il a fait dans plufieurs parties. Au refte
je doute que fous Mr. d'Argenfon, les jeux
défendus de l'Hôtel de Soiffons & de l'Hôtel
de Gefvres euffent duré fi longtems, puifque
tant de Maîtres d'Hôtel, tant de valets de chambre y vont perdre l'argent de leurs maîtres, &
fe jettent enfuite dans le crime, pour reparer
leurs malheurs ; les fils de famille y portent
l'argent qu'ils volent à leurs péres : beaucoup
de péres de famille y vont ruiner leurs familles. Tous les gens de bien regardent ces jeux
avec exécration, & comme la caufe d'une infinité de grands malheurs. Il auroit fi fouvent rendu compte de ces malheurs journa-
liers au Miniftre Général, qu'il feroit enfin
venu à bout de les faire abolir. C'eft une ta-
che tant pour fa réputation que pour celle
du Miniftre Général, qui par une complai-
fan-

fance exceffive tolère des amufemens fi pernicieux à la focieté.

ANNE'E 1732.

Les Portugais ont découvert depuis peu de
tems au Bréfil de petit diamans dans le fable
des riviéres, en y cherchant apparemment de la
poudre ou des paillettes d'or. Ils font communément petits. Les plus gros ne péfent que
trente-neuf carats, c'eft-à-dire quatre fois trente-neuf grains : un carat c'eft quatre grains,
mais on m'a dit depuis qu'il s'en trouve de gros.

Le total de ce qu'ils ont rapporté monte
environ à cent trente mille carats, lefquels efti-
més l'un portant l'autre chacun à quinze cru-
zades, c'eft-à-dire environ quinze demi-onces
d'argent ou trois livres de notre monnoye, vaudroient environ fept cent cinquante mille écus,
ou deux millions deux cent cinquante mille livres de notre monnoye préfente d'environ cinquante francs le marc d'argent.

C'eft une indication qu'il y a en ce pays là
des mines de diamans dans quelque montagne
du Bréfil, comme il y en a dans quelques
montagnes du Mogol; & fi on découvre la
mine, les diamans baifferont bientôt de prix,

&

& ils font déja, dit-on, baiffés de plus d'un tiers.

Les pierres de couleur, & furtout les rubis, les efcarboucles, font grand tort aux diamans ; & effectivement quand ces pierres font d'un beau rouge fort éclatant, elles font plus de plaifir aux yeux que les diamans. C'eft la grande rareté des diamans qui fait leur grand prix, & leur grand prix fait croire à quelques-uns qu'ils font plus agréables à la vue que les pierres de couleur.

Nos beaux verres colorés ont déja beaucoup fait diminuer le prix des pierres de couleur, qui font beaucoup moins de plaifir aux yeux par leur éclat que les verres colorés bien taillés ; & les Sauvages qui n'ont point de préjugés croyent nous tromper quand ils nous donnent leurs pierres de couleur pour nos bijoux de verre coloré, & leurs perles naturelles pour nos perles artificielles ; & effectivement, fur les perles l'art a furpaffé de beaucoup la nature, ce qui fait que la pêche des perles a beaucoup diminué. Les Dames n'en achétent prefque plus que de fauffes.

Nous avons vû ici l'année paffée & les années précédentes des effets affez étonnans de la gran-

grande ignorance, & par conséquent de la grande crédulité du peuple & de la grande force
d'imagination des femmes & furtout des jeunes filles.

Un bon Eccléfiaftique, fimple Diacre, nommé
l'Abbé Paris, frére d'un Confeiller au Parlement,
d'un efprit & d'une capacité très médiocre,
faifoit de longues priéres à l'Eglife & chez lui,
mangeoit très peu, fe contentoit du fimple néceffaire, donnoit beaucoup aux pauvres par
rapport à fon revenu de patrimoine qui montoit environ à huit cent écus de rente. Son pan-
chant à la retraite & à l'auftérité lui faifoit aimer ceux que nous appellons Janfeniftes, qui
fagement prêchent plus volontiers l'auftérité &
la folitude qu'ils ne la pratiquent. Il haïffoit
faintement les Jéfuites, parce que l'on lui avoit
dit qu'ils prêchoient une morale moins auftère
que les Janfeniftes.

Il cherchoit la perfection de la Religion,
mais il ne la connoiffoit pas, il n'en avoit pas
l'idée, & comme il étoit mélancholique, il la
cherchoit felon le gout des mélancholiques,
dans la retraite & dans l'auftérité, & il avoit
auffi les défauts des gens auftères qui méprifent
& haïffent ceux qui ne font point de leur goût;

mais

mais il n'avoit garde de fe corriger des défauts qu'il prenoit pour des vertus.

Il paroît par fes différens voyages & dans fes différens féjours un peu d'inquiétude d'efprit ; apparemment que l'uniformité de longue durée l'ennuyoit comme les autres hommes, & alors l'efpérance d'avancer dans la perfection dans un autre lieu lui confeilloit le changement.

Il avoit quitté Paris plufieurs fois, mais enfin il y vint demeurer dans le fauxbourg Saint Marcel. Il y trouvoit un logement à meilleur marché, plus de pauvres à affifter, plus de retraite, & un Curé Janfenifte. Il eft mort environ à trente-cinq ans. Les mélancholiques font fujets à des excès d'aufférités, parce qu'ils effiment leurs opinions beaucoup plus que les opinions des autres. Ils confultent peu & ne font guéres dociles aux confeils des autres qu'ils ne voyent pas fi auftères qu'eux.

Les perfonnes plus retirées que les autres font moins contredites dans leurs opinions ; ainfi ils y demeurent plus opiniâtrement. Ils croyent voir clairement ce qu'ils ne font que croire avec certitude, & leur grande certitude ne vient que de la grande répétition journaliére des mêmes jugemens qu'ils n'oferoient revoquer en dou-

doute, ni mettre à un premier examen, ni remettre à une nouvelle difcuifion.

Quand on a affez peu d'efprit pour ne pas voir que l'auftérité pour être vertu doit être raifonnable & utile au prochain, on tombe bientôt dans des excès, & on en meurt; fa mort caufée par fa faute fit ainfi perdre aux pauvres de la Paroiffe beaucoup d'aumônes qui les auroient fort foulagés dans leurs miféres; or fes auftérités exceffives ne valoient pas toutes les aumônes qu'il auroit faites, s'il eût vécu longtems. Le Curé de Saint Médard ne fit pas difficulté de dire que c'étoit un Saint.

Son frére lui fit ériger une tombe de pierre dans un petit cimetiére où il avoit voulu être enterré, & bientôt les ignorans qui n'en auroient pas attendu des miracles pendant fa vie, efpérérent en recevoir dans leurs maladies après fa mort, en faifant des neuvaines & des priéres auprès de fon tombeau; & comme il y a quantité de maux qui fe guériffent par les feules forces de la nature, furtout quand elle eft aidée par une imagination vive & forte, le peuple a pris pour miracles des guérifons très naturelles qui fe font par l'effort de l'imagination.

Il

Il eft vrai qu'il y a eu beaucoup de guérifons frauduleufes & fuppofées ; mais je ne doute pas qu'il n'y en ait quelques-unes de véritables dans les femmes , & furtout dans les jeunes
filles , qui font plus ignorantes & par conféquent plus crédules, plus confiantes, & qui ont
l'imagination beaucoup plus forte que les
hommes.

Mais ces guérifons rares & cependant naturelles fe feroient de même quand le corps du
Saint ne feroit point où eft le tombeau. On dit
avec raifon qu'il faut une foi vive, qu'il faut
une confiance forte ; mais on s'exprimeroit encore mieux fi l'on difoit, Il faut une imagination vive & forte , telles qu'en ont les méres
qui font des marques fenfibles aux corps des
enfants dont elles font groffes. Il faut donc un
bon efprit pour juger des miracles attribués à
l'Abbé Paris.

Dire comme ceux que l'on appelle Moliniftes , qu'il n'y a eu à ce tombeau & par ces
neuvaines aucune guérifon miraculeufe quoique naturelle , c'eft témérité.

Dire comme les Janfeniftes, que dans ces guérifons miraculeufes il y a eu une force fupérieure à la nature quoiqu'aidée d'une imagi-
na-

nation très vive & très forte, & que ce font de vrais miracles, c'eſt fanatiſme.

A dire le vrai, je n'ai entendu parler des miracles de l'Abbé Paris, que dans des guériſons du corps humain, & jamais d'aucun miracle ſur aucun autre corps de la nature, parce que la force de l'imagination de celui qui demande le miracle n'y peut rien.

Il ne ſe faiſoit guéres de guériſons ni vrayes ni fauſſes près du tombeau ; mais les ſottes gens s'imaginant que la vertu qui ſortoit du tombeau, à ce qu'ils croyoient, agiroit avec bien plus de force ſi l'on mettoit les malades ſur la grande pierre qui le couvre, ils s'y mirent donc, & quelques-uns y eurent des convulſions dans les jambes ou des crampes, ſoit à cauſe du froid, ſoit à cauſe de quelque crainte ; d'autres feignirent d'en avoir, & les ignorans prirent ſottement ces convulſions pour un effet ſurnaturel.

Mais comme le Peuple, hommes, femmes & les jeunes filles dans ces convulſions faiſoient des mouvemens indécens par un eſprit de Religion, le Conſeil informé que ce manége journalier ſcandaliſoit les gens de bien & les gens du

monde, a ordonné fagement par fon Arrêt que
ce petit cimetiére feroit fermé.

La guérifon de cette femme d'un ébenifte
du fauxbourg Saint Antoine, affoiblie par des
pertes de fang prefque continuelles, fut auffi
un effet naturel de la force de fon imagination.
Les Moliniftes qui ont nié la guérifon fubite,
de peur que ce ne fût un miracle opéré dans
une Paroiffe gouvernée par un Curé Janfenifte, ont tort. Le fait eft conftant. C'eft une
guérifon merveilleufe, parce qu'elle eft dûe à
une force d'imagination extraordinaire ; mais
elle n'eft pas pour cela miraculeufe, elle n'eft
pas même fi merveilleufe que les marques vifi-
bles des paffions des méres fur leurs enfans ;
marques merveilleufes, mais toutes naturelles,
& nullement miraculeufes ; & quand les Phyficiens auront découvert comment cela fe fait
mécaniquement, les guérifons fubites par la
force de l'imagination ne feront plus même
merveilleufes pour les Phyficiens, mais toujours merveilleufes pour les ignorans.

Nous avions ici il y a quelques années une
fuperftition d'une autre efpéce, en ce que tout
étoit tromperie & tours de gobelets pour opérer le merveilleux qui paroiffoit aux yeux &
                                    aux

aux oreilles; c'étoit la prétendue obfeſſion de Mademoifelle Teſtard, jeune fille jolie qui chantoit & qui jouoit à merveilles du clavecin. Auſſi Mr. de Burande, qui l'a épouſée depuis, n'a pas cru en l'épouſant avoir à vivre avec une perſonne obſedée par un Génie. Le jeu étoit ſi bien joué la nuit, qu'elle trompa durant trois mois beaucoup de gens d'eſprit qui croyoient la réalité du Génie qui venoit la tourmenter; on ne fait plus préſentement qu'en plaiſanter avec eux.

Notre ignorance & nôtre crédulité eſt bien diminuée depuis cent ans; mais on s'étonnera dans deux cent ans que nous ayons pû voir à Paris un ſi grand nombre de gens d'eſprit crédules à cet excès.

Il faut que la Philoſophie des Orientaux ſur la nature, ſur les fonctions, ſur les inclinations, & ſur les amuſements des Génies ou des Puiſſances inviſibles, ait une grande proportion avec nôtre imagination; car encore à l'heure qu'il eſt rien ne ſe croit plus aiſément, même par gens qui raiſonnent, que les hiſtoires d'apparitions, & les autres contes d'Eſprits; notre raiſon eſt encore bien foible de ce côté là contre nôtre imagination.

Au

Au reſte, dans ces ſortes d'hiſtoires tout n'en eſt pas vrai, ni tout n'en eſt pas faux ; mais il eſt difficile de démèler ce qu'il y a de réel & de vrai, qui eſt tout ſimple, de ce qui s'y rencontre de faux, qui n'eſt qu'imaginaire, mais miraculeux.

La difficulté d'expliquer phyſiquement ces hiſtoires vient des conteurs qui ont mal vû, mais qui ont cru voir. Or ſi ceux qui ſont préſens voyent mal, à combien plus forte raiſon ceux qui racontent d'après les viſionnaires ſont-ils plus ſujets à conter des circonſtances qui ſont très différentes de ce qu'il y a de réel ; mais elles ſont agréables à l'imagination, qui aime ſurtout le merveilleux.

L'Empereur Charles VI. vient de donner au Duc de Lorraine, ſon neveu à la mode de Bretagne, la Royauté de Hongrie, pour lui faire apprendre les affaires de ce Royaume, & pour accoûtumer les Hongrois à lui obéir, & à s'attacher à lui, parce que ſon deſſein eſt de lui donner en mariage l'Archiducheſſe ſa fille ainée ; cela eſt raiſonnable.

Mais ce qui n'eſt guéres ſage, c'eſt de s'imaginer qu'il peut faire préſentement des traités ſolides avec les Anglois, avec les Hollandois,

avec

avec la Mofcovie, avec la Pruffe & tant d'autres, pour être exécutés peut-être dans vingt
ans, comme fi d'ici à ce tems-là il ne devoit
jamais y avoir de guerre, ou de fujets de guerre entr'eux, comme fi leurs intérêts, foit vrais,
foit apparens, ne devoient changer en rien d'ici
à vingt ans; comme s'il y avoit punition fuffi-
fante & inévitable contre celui qui dans vingt
ans ne voudroit pas exécuter fes anciennes promeffes; comme fi d'ici à vingt ans il ne devoit
pas arriver cent accidens qui donneront des
prétextes fuffifans pour fe difpenfer de fes anciens engagemens.

Je crois donc que cette Pragmatique Sanc-
tion, qui doit opérer dans la fucceffion de l'Empereur l'entiére indivifibilité de fes Etats, &
qui eft la chimére politique de Zinzendorf qui en
eft l'inventeur, opérera dans l'Europe après la
mort de l'Empereur fans enfans mâles, des guerres d'autant plus longues que les Parties feront
plus égales en forces & en Alliés.

On a beau fe tourner & fe retourner de tous
côtés, il n'y a qu'un feul cas qui puiffe maintenir l'Europe en paix; c'eft le cas de l'établiffement de la Diéte Européane, du Tribunal
Européan, pour terminer fans guerre les différens

rens d'entre les Souverains d'Europe, comme
le Tribunal Germanique termine fans guerre
depuis plus de fix cent ans les differends entre les Souverains d'Allemagne.

L'Empereur a rendu un décret contre le Duc
de Meckelbourg, accufé d'avoir exercé des vexations contre la Nobleffe de fon pays. Le Duc
pourroit bien avoir tort dans le fonds ; car ordinairement le plus foible ne fe plaint pas de
fon Souverain fans fondement ; mais l'Empereur pourroit bien avoir tort de fon côté dans
la forme, fi c'eft à la Diéte de l'Empire, &
non à l'Empereur ni à la Chambre Aulique, à
juger ces fortes de réfiftances & de plaintes des
fujets contre leurs Souverains.

Meckelbourg n'eft pas fans fondement, &
tous les Souverains & tous les fujets de l'Empire paroiffent très intéreffés dans cette caufe de
compétence ; ainfi ce feroit une affaire de la feule
compétence de la Diéte.

Nous venons d'apprendre la mort de Victor
Amédée II. qui étoit Roi de Sardaigne & Duc
de Savoye, qui avoit imprudemment abdiqué la
Couronne en faveur de fon fils, & qui a ten-
té encore plus imprudemment de la remettre

fur

fur fa tête malgré le Roi fon fils & fes Miniftres.

On dit que Charles-Quint fe repentit auffi
de l'abdication qu'il avoit faite de la Couronne
d'Efpagne en faveur de Philippe II. fon fils ;
mais fon imprudence n'alla pas au point de le
porter à tenter de la lui ôter.

Ces fortes de réfolutions fe prennent dans
des attaques de mélancolie, lorfque l'on penfe
noir & lorfque toute focieté déplait ; or ces attaques ont des intervalles dans lefquels l'ame
n'eft pas fi abbatue, fi dégoutée des amufemens de la vie & du plaifir de commander &
d'arranger foi-même ce que l'on voit avec peine
fe déranger.

C'eft à caufe de ces changemens de fituation
de l'ame que je crois que dans les attaques de
mélancolie, il faut bien fe garder de prendre
des réfolutions pour plus d'un jour, ou d'une
femaine. Ces maladies ne fe guériffent que par
des diftractions commandées par quelqu'un qui
ait autorité fur le malade ; ainfi malheur au
malade qui eft Roi. Tel eft l'effet des maladies
que l'on appelle hypochondriaques : il faut que
les Médecins du corps foient auffi Médécins de
l'ame pour guérir ces fortes de maladies, qui

P p 4　　　　　　　　　font

font des commencemens d'une espéce de folie.

Le vieux Ségrais me dit un jour que la plupart des jeunes gens, filles & garçons, avoient des envies vers dix-sept ans de se faire Religieux ou Religieuses, que c'étoit une attaque de mélancolie; & il appelloit cette maladie la petite vérole de l'esprit, parce que peu s'en sauvent : J'ai eu cette petite vérole, mais je n'en suis point demeuré marqué.

Ces attaques de mélancolie viennent aussi dans d'autres âges, comme la petite vérole corporelle vient quelquefois dans un âge avancé, surtout à ceux qui ne l'ont point euë dans leur enfance.

Le pauvre Roi de Sardaigne devenu dévot, mélancolique, n'a pas eu le bonheur que son accès de mélancolie ait toujours duré. Il a eu le malheur dans sa maladie d'avoir eu très mal à propos des intervalles de santé & de raison; il s'est repenti du parti qu'il avoit pris, & après le mauvais succès de ce repentir, il a pu se repentir une seconde fois d'avoir agi follement en conséquence de son premier repentir.

ANNÉE 1733.

Le Roi Augufte Electeur de Saxe mourut le
1. Mars à Varfovie. Il avoit quitté le Luthé-
ranifme, & s'était fait Catholique dans la vue
de devenir Roi de Pologne. Il cherchoit comme les hommes du commun à augmenter fa
puiffance, & ne favoit pas que la plus grande
puiffance n'eft digne de la recherche d'un grand
homme que lorfqu'il a trouvé les moyens de
faire ufage de ce plus de pouvoir pour procurer de plus grands avantages foit à fes fujets,
foit à fes voifins.

Comme il n'avoit point pour motif de fes
entreprifes le motif qui fait le grand-homme,
c'eft-à-dire, de procurer felon fes forces la plus
grande utilité publique, il ne faut pas s'éton-
ner, fi, quoiqu'il ait été plus puiffant que fes
prédéceffeurs, il foit demeuré fi au-deffous du
grand-homme & même du grand Roi.

Ce n'eft pas qu'il n'eût de l'efprit & du courage; mais il n'en fit pas ufage pour augmenter le bonheur de fes fujets, & malheureufement pour lui il prit trop de confiance à Flemming, Miniftre hardi, entreprenant, plein d'expédients pour réuffir à des projets qu'il ne fa-

loit

loit point entreprendre ; par exemple, de rompre la paix avec le Roi de Suéde en affiégant Riga. Ainfi les expédients de Flemming pour ce projet ne furent que pernicieux au Régne & à la réputation du Roi Augufte.

Il eut pour vuë principale d'affurer fa Couronne à fon fils ; mais pour y parvenir il prit le contrepied des mefures qu'il auroit dû prendre. Il fuivit les confeils de Flemming, qui alloient à affujettir par crainte & par force la République de Pologne à fes volontés. Au lieu que s'il n'avoit uniquement fongé qu'à augmenter doucement les avantages de la République, elle auroit d'elle-même fouhaité d'être gouvernée encore par le fils d'un Prince fi modéré, fi fage & bienfaifant.

Dans un Etat Monarchique les bonnes Loix peuvent fe faire & s'exécuter promptement : le Roi n'a befoin pour cela que de deux chofes ; la premiére, des lumiéres d'un bon Confeil formé pour les différentes affaires, de divers Bureaux compofés de membres habiles & vertueux choifis par fcrutin ; il eft fûr alors de prendre les bons partis dans chaque genre d'affaires ; la feconde, il n'a befoin que de vouloir avec conftance l'exécution de ce qu'il a ordonné ;

né ; fes fujets n'ont plus à examiner ; ils n'ont plus qu'à obéir.

Mais dans une République comme celle de Pologne, où le Roi n'a pour Confeil dans les chofes importantes que des Diétes générales compofées d'un nombre prodigieux de Députés peu inftruits de la fcience du Gouvernement, il faut fonger aux moyens, non de les faire obéir, mais de les perfuader.

Le Roi Augufte auroit dû donc commencer par établir des Profeffeurs, des Conférences, & des Académies politiques, & bientôt ils auroient tous vû que pour un bon Gouvernement il ne faut point un nombre fi prodigieux de Confeillers ou de Nonces ou de Députés, ni qu'il foit établi qu'un feul Nonce qui fera d'avis contraire à tous les autres foit autorifé à rompre, par le cri public d'un *veto* prononcé imprudemment, une Diéte où l'on auroit déja paffé plufieurs Réglements falutaires. Encore fi la Loi difoit qu'il fuffit que le quart des Nonces ou Députés s'oppofent à telle loi, cela pourroit être raifonnable ; mais qu'un feul du nombre de mille fuffife pour tout rompre, cela eft très pernicieux à l'Etat.

Le Roi Augufte avec un Gouvernement modéré,

déré, aidé lui-même de Polonois habiles dans le Gouvernement, eût pû trouver les moyens de multiplier les habiles Politiques & les dé-terminer à revoquer eux-mêmes une Loi si dé-teſtable; mais il falloit beaucoup de patience, & je doute que ce Prince en eût été capable, mais du moins il auroit laiſſé un bon plan à ſuivre à ſon ſucceſſeur, & les Polonois l'euſſent vo-lontiers cherché dans ſon fils.

Le Roi a déclaré la guerre à l'Empereur, pour l'obliger à reparer l'injuſtice que lui & ſes Alliés ont faite à la République & au Roi Sta-niſlas ſon beau-pére. Le Roi d'Eſpagne & le Roi de Sardaigne lui ont auſſi déclaré la guer-re. On verra dans le Mémoire ſuivant les moy-ens poſſibles pour rendre la paix à l'Europe & pour la rendre ſolide.

A N N E'E 1634.

J'ai ouï blâmer le ſubſide du dixiéme en ces termes: *Nous payames le dixiéme en* 1710. *à la fin de la Guerre, & aujourdhui en commençant la guerre, on nous le fait payer; que fera-t-on vers la fin?*

Pour moi j'ai répondu que de tous ces ſub-ſides, c'eſt le mieux proportionné au revenu,

&

& par conféquent le moins onéreux à chaque famille. Il eft vrai qu'il eft confidérable; mais il vaut mieux pour finir promptement la guerre, la faire d'abord avec fupériorité, pour déterminer plus promptement nos ennemis à accepter des propofitions raifonnables.

J'ai entendu dire que le Roi Staniflas prévoyant les grandes difficultés, Philofophe, & tout accoutumé à une vie tranquille, eût pû fans peine abandonner fes efpérances, furtout fi au lieu de dépenfer quatre-vingt millions pour lui, nous euffions voulu augmenter fa penfion feulement de cinquante ou foixante mille écus; l'on eût pû facilement appaifer la Reine fa fille, & le Roi fon mari, en leur montrant l'impoffibilité de réfifter de fi loin à l'Empereur, à la Mofcovie & à la Saxe; & nous aurions ainfi épargné plus de foixante millions par une penfion médiocre. Comment cela n'eft-il pas arrivé fous un Miniftre Général plus œconome qu'aucun autre que nous ayons jamais eu ?

Ce que je fais, c'eft que fi Mr. le Duc d'Orléans Prince très pacifique & le Cardinal euffent prévu toutes ces dépenfes & tous les autres malheurs de la guerre quoique faite

avec

avec fupériorité, je jurerois qu'ils auroient vo-
té pour la paix dans le Confeil où la guerre
fut réfolue; mais ceux qui opinoient fentoient
vivement le mal préfent, & ne voyoient qu'en
éloignement la foible repréfentation de la dixiéme partie des maux de la guerre.

A quelque chofe malheur eft bon. Cette
grande affaire nous donne du calme fur la petite affaire des Janféniftes & de la Conftitution,
dans laquelle les Parlements commençoient à
prendre parti contre la Cour & contre le Pape.
L'affaire s'anéantit peu à peu, & s'anéantira entiérement, fi la Cour déclare hautement qu'elle ne
veut plus en entendre parler ni en bien ni en mal,
& la tranquillité renaitra dans les efprits, quand
on n'en parlera plus à la Cour, & quand on
pourra faire taire les boutefeux par les exils
& par la diftribution actuelle & journaliére des
deux tiers de leur temporel aux pauvres, &
lors que l'on ne perfécutera plus ceux qui vou-
dront garder patiemment le filence, commandé
par la fuprème Puiffance, qui ne peut être mieux
employée qu'à nous procurer toutes les efpèces
de tranquillité.

Ce que je défirerois, c'eft que le Cardinal
de Fleury déclarât que le Roi fe rendroit facile

cile à rappeller les exilés, pourvû que des perfonnes fages & paifibles lui répondiffent de leur
filence parfait, de leur patience & de la ceffa-
tion de leur animofité contre leurs ennemis.

Ils ont en Angleterre une méthode, qui, à ce
que l'on m'a dit, a du fuccès. On pardonne
aux gens turbulents & inquiets, & on les fait
fortir de prifon en donnant caution que leur
conduite fera patiente & tranquille, & cette
caution eft d'une fomme affez confidérable, pour
tenir en bride l'inquiet & le turbulent, & pour
donner à la caution l'attention néceffaire pour
rendre le cautionné patient, tranquille & pacifique. Nous devrions adopter cette méthode &
la perfectionner.

Comme l'Empereur a porté fes plus grandes forces en Italie pour reconquérir le Milanez, il y a donné deux grandes batailles, où
il a plus perdu que nous. La Cour pour avan-
tager les Officiers d'Italie y a fait une promo-
tion de plus que dans nos troupes du Rhin,
ce qui a été trouvé fort mauvais par quelques-
uns. Pour moi je trouve la conduite de la Cour
très raifonnable ; 1°. parce que là où il y a
plus de péril, là il faut plus grande récompenfe.
2°. Les Officiers qui ont plus vû de batailles,

toutes

toutes chofes égales , font fupérieurs, & doivent paffer devant les autres qui n'ont pour eux que l'ancienneté du tableau, ancienneté fouvent très infructueufe pour l'Etat ; mais à dire le vrai , il fera toujours impoffible de faire aux Officiers une juftice dont ils foient contens, & qui leur donne une grande émulation pour fe furpaffer les uns les autres en mérite national , fi ce n'eft par l'établiffement du Scrutin perfectionné entre trente pareils.

Cette année eft mort à Turin le Maréchal de Villars à quatre-vingt-deux ans. C'étoit un Capitaine digne d'être mis en balance avec le fameux Prince Eugéne : je ne fai qui des deux l'emporteroit : ce que je fai , c'eft qu'il avoit au plus haut point cette importante qualité de Général que Céfar mettoit au - deffus de toutes les autres , *la Célérité.*

Ç'a été un Homme illuftre , puifqu'il a procuré à la Nation de grands bienfaits par fes grands talens pour la guerre , & furtout par les fuites de la bataille de Dénain. Il ne me fiéroit pas à moi fon coufin germain d'en dire davantage.

A N N E´ E 1735.

Les Anglois & les Hollandois, Nations commerçantes & par conféquent pacifiques, défirent la paix entre l'Empereur & fes Alliés d'une part, & la France & fes Alliés de l'autre ; ainfi ils fe font offerts aux deux partis pour Médiateurs, & en ont été acceptés.

Il vient de paroître de la part des Médiateurs un plan d'accommodement qui n'a plu à aucun des deux partis, comme c'eft l'ordinaire, parce que pour un accommodement il faut que les deux partis cédent une partie de leurs prétentions, & perfonne ne veut rien céder.

Il paroît par ce plan que l'Angleterre qui panche pour l'Empereur domine dans la Médiation.

Mais à dire le vrai, ces Nations Médiatrices devroient propofer un plan plus beau & plus folide ; ce feroit de fe liguer avec plufieurs autres Puiffances de l'Europe par la fignature des cinq articles fondamentaux de l'établiffement de la Diéte Européane qui eft cia-près.

Cette Ligue compofée de l'Angleterre, du Portugal, de la Hollande, du Dannemarc,

Ann. Polit. II. part.   Qq   de

de la Suéde, des Suiffes , des Vénitiens, dé-
clareroit aux deux partis belligerans , que celui
des deux qui refufera de figner ces articles ,
de ceffer les hoftilités & de fe foumettre à fon
jugement arbitral, fera regardé par elles comme le Perturbateur du repos de l'Europe &
comme leur ennemi commun ; voila le feul
parti qu'ils auroient dû prendre, 1°. parce que
fans cet établiffement la guerre recommencera
avant trois ou quatre ans, & ce feront nouveaux frais & nouveaux embarras pour la faire
ceffer : 2°. parce que par l'effet naturel de la Diéte Européane, nulle Puiffance n'auroit à craindre aucune guerre ni civile ni étrangére, &
pourroit épargner une dépenfe immenfe & l'employer à des établiffements & à des rembourfements très utiles, ce qui feroit un équivalent triple & quadruple des prétentions que les
Parties Belligérantes auroient cedées pour avoir
une paix déformais inaltérable, puifque tous les
différends futurs feroient toujours à l'avenir
terminés fans guerre comme à la Diéte Germanique, quoique cette Diéte ait beaucoup de
défauts que la Diéte Européane peut facilement
éviter.

A R-

Articles fondamentaux de la Diete Europeane.

I.

1°. Il y aura déformais entre les Souverains d'Europe qui auront figné les articles fuivans une alliance générale & perpétuelle pour former le Corps Européan.

2°. Pour avoir fureté parfaite & perpétuelle contre toutes guerres civiles & étrangéres.

3°. Pour avoir fureté parfaite de leur confervation perfonnelle & de celle de leur poftérité fur le Trône contre toutes fortes de confpirations.

4°. Pour avoir fureté parfaite & perpétuelle de la confervation de leurs Souverainetés dans leur entier & de leurs droits en l'état qu'ils les poffédent actuellement en fuivant les derniers Traités.

5°. Pour avoir une exemption totale de leur dépenfe militaire extraordinaire dans la guerre actuelle, & plus de moitié de diminution de leur dépenfe militaire ordinaire en tems de paix.

6°. Pour avoir toujours la même liberté &

la même sureté dans le Commerce de leurs sujets avec les étrangers.

7°. Pour avoir toujours sureté parfaite de l'exécution entiére & perpétuelle de leurs promesses réciproques, tant passées que futures, par la garantie du Corps Européan.

8°. Pour avoir sureté entiére que leurs différends présens & futurs seront toujours terminés sans aucune guerre dans laquelle ils ayent à risquer de perdre les grands frais de cette funeste voye & partie de leurs Etats, mais que ces différends seront toujours terminés par voye de justice selon le droit national, sans que les contestans puissent jamais perdre autre chose que le sujet de leur contestation.

9°. Pour avoir par conséquent dans l'exemption de ces frais militaires & de ces craintes des malheurs qui suivent les batailles perduës, des équivalens très solides, très présens & très avantageux de toutes leurs prétentions & de toutes les espérances raisonnables des aggrandissements qu'ils pourroient faire par des conquêtes les uns sur les autres.

I I.

Les membres du Corps Européan pour terminer

miner entr'eux leurs différends préfens & à
venir ont donc renoncé & renoncent pour eux
& pour leurs fuccefleurs à fe fervir jamais de
la voye funefte & ruineufe des armes, & font
convenus de prendre toujours la voye de con-
ciliation dans la Diéte Européane par la médiation de quelques Plénipotentiaires des membres du Corps Européan, & en cas que cette
médiation ne fuffife pas, ils font convenus de
s'en rapporter au jugement des autres Souverains, membres du Corps Européan, qui feront
repréfentés à la Diéte Européane par leurs Plénipotentiaires, & à la pluralité des voix pour la
provifion, & aux trois quarts des voix pour le
jugement définitif.

III.

Les dix - neuf plus puiffants Souverains de
l'Europe feront invités à figner ces cinq articles fondamentaux pour la formation du Corps
Européan : favoir,

1º. L'Empereur d'Allemagne ;
2º. Le Roi de France ;
3º. Le Roi d'Efpagne ;
4º. Le Roi de Portugal ;
5º. Le Roi d'Angleterre Electeur d'Hanover ;

                     6º. La

6°. La République d'Hollande ;

7°. Le Roi de Dannemarc ;

8°. Le Roi de Suéde ;

9°. Le Roi de Pologne Electeur de Saxe ;

10°. L'Impératrice de Ruffie ;

11°. Le Pape ;

12°. Le Roi de Pruffe Electeur de Brande-
bourg ;

13°. L'Electeur de Baviére & Affociés ;

14°. L'Electeur Palatin & Affociés ;

15°. Les Suiffes & Affociés ;

16°. Les Electeurs Eccléfiaftiques, plufieurs
Villes Souveraines, & Affociés ;

17°. La République de Venife ;

18°. Le Roi de Naples & Affociés ;

19°. Le Roi de Sardaigne & Affociés.

Ils auront tous chacun une voix pour la décifion des différens entre Souverains, & con-
tribueront chacun felon leurs revenus & leurs
charges aux dépenfes communes pour la fubfiftance des troupes de l'Alliance générale fur
les frontiéres, & pour les autres charges communes ; & cette contribution fera réglée au
Congrès à la pluralité des voix des Alliés pour
la provifion, & cinq ans après aux trois quarts
des voix pour la définitive.

IV.

IV.

Si quelqu'un des Membres refusoit d'exécuter le jugement de la grande Alliance, s'il faisoit des préparatifs de guerre, s'il tentoit de faire des négociations contre la République Européane & fans fon confentement par écrit, elle le regardera comme Perturbateur du repos de l'Europe, & agira contre lui offenfivement, jufqu'à ce qu'il ait exécuté le jugement, réparé le tort qu'il aura caufé & rembourfé les fraix de la guerre à chacun des grands Alliés.

V.

Les Membres du Corps Européan font convenus que leurs Plénipotentiaires à la pluralité des voix pour la provifion, & cinq ans après aux trois quarts des voix pour la définitive, régleront dans la Diéte perpétuelle Européane tous les articles qu'ils jugeront importans pour procurer à la République Européane & à chacun des membres plus de fureté contre les accidens de l'avenir, plus de folidité dans l'union & tous les autres avantages poffibles; mais l'on ne pourra jamais rien changer à ces

Q q 4

cinq

cinq articles fondamentaux fans le confentement unanime de tous les Membres.

Nous venons de voir le Mandement de l'E-
vêque de St. Papoul du mois de Février ;
Il déclare à fes Diocezains, qu'étant entré dans
la Congrégation de l'Oratoire, il y avoit figné l'appel de la Bulle *Unigenitus* au futur
Concile Général, que depuis pour devenir Evêque il avoit revoqué fon Appel, mais qu'à préfent convaincu que cette Bulle n'étoit pas conforme à la faine doctrine, il revoquoit fa re-
vocation, & qu'il en appelloit de nouveau ; &
en même tems il leur déclare qu'il quitte fon
Evêché pour fe retirer dans la folitude & y faire
pénitence d'avoir ainfi facrifié la vérité à fon
ambition.

Cet Evêque s'appelle Ségur, Gentilhomme
de Périgord, frère du Maréchal de Camp. Son
Evêché vaut près de trente mille livres de rente, & il ne lui refte qu'une petite Abbaye : il
n'a qu'environ quarante - trois ans.

Cette action a du grand, puifqu'elle marque
un grand courage ; mais je doute que cet Evêque ait de Dieu des idées d'un Etre parfaitement
fage & bienfaifant. L'Indien dévot, qui fe fait
écrafer fous les roues du char de la ftatue de
Som-

Sommonocodom pour plaire à son Dieu, fait une action qui a du grand ; elle ne peut se faire sans un grand courage ; mais en est-elle plus raisonnable, plus vertueuse & plus digne de louange ?

Je vois avec plaisir que le Conseil continue à travailler dans un Bureau particulier chez Mr. le Chancelier sur le projet de former un Code du Droit François qui soit exécuté avec uniformité dans toutes les Provinces de France. Il a déja paru une Ordonnance fort ample sur les donations entre vifs du mois de Février 1731. On vient de faire l'Ordonnance sur les Testamens du mois d'Août de cette année 1735. Ces deux Ordonnances ne font que la vingt-quatriéme partie de tout l'ouvrage, de sorte que par le tems qu'elles ont été à se former, on peut juger que la premiére ébauche du Droit François sera finie dans quarante ou cinquante ans. Si je l'appelle premiére ébauche, c'est que de vingt en vingt ans elle se perfectionera par les expériences & par les observations des Juges & des Jurisconsultes qui pourront être envoyés au Bureau de Législation tous les cinq ans par chaque Parlement.

Sur

Sur la fin de cette année, nous avons appris avec beaucoup de furprife & avec beaucoup de joye que les principaux articles de la paix ont été fignés dans le mois d'Octobre à Vienne entre l'Empereur & le Roi, avec fufpenfion d'hoftilité jufqu'à ce que nos Alliés ayent accepté les conditions qui les regardent : cette négociation a été fecrette.

Il y a un article très important pour la France, c'eft l'union de la Lorraine avec la Couronne de France après la mort du Roi Staniflas. Alors le Duc de Lorraine en échange de la Lorraine aura le Grand Duché de Tofcane.

OBSERVATIONS POUR PERFECTIONNER L'ETABLISSEMENT COMMENCÉ PAR MR. L'ABBÉ DE PONT-BRIANT.

AVERTISSEMENT.

Novembre 1735.

Mr. l'Abbé de Pont-briant m'a envoyé cette année un petit imprimé par lequel il paroit qu'il a commencé un petit établiffement pour inftruire cinq ou fix cent petits Savoyards qui font dans Paris, qui fervent à ramonner les cheminées, qui décrotent & qui font

d'aud'autres petites commiffions; voici les penfées qui me font venuës fur ce fujet.

S'il eft vrai que les deux points effentiels de la Religion Chrétienne foient, premiérement l'obfervation de la juftice, chacun dans fa condition, de peur de déplaire à Dieu & d'ê- tre condamné à l'Enfer; fecondement la prati- que de la bienfaifance pour lui plaire & pour en obtenir le Paradis, fuivant ces paroles citées deux fois dans Saint Matthieu; car voila en quoi confiftent la Loi & les Prophêtes : *Hæc eft enim lex & Prophetæ*. 7. 12. *& in his duo- bus mandatis pendet univerfa lex & Prophetæ* 22. 40. il s'enfuit que nos Catéchifmes pour- roient être beaucoup perfectionnés du côté de la Morale pratique.

Il faudroit donc 1°. enfeigner à chacun de ces Savoyards quelles font les actions d'injuf- tice & de bienfaifance les plus ordinaires de leur condition, & les joindre toujours aux deux grands motifs de grande crainte de l'Enfer & de grande efpérance du Paradis.

Il faudroit 2°. enfeigner les moyens de con- tracter une habitude religïeufe, en repétant plufieurs fois par jour ces deux exclamations Chrêtiennes dans les douleurs: *O que j'aurois*

à

à souffrir en Enfer, si je mourois plus injuste que bienfaisant ! Et dans les plaisirs : *O que j'aurois de grands plaisirs & d'une longue durée en Paradis, si je mourois plus bienfaisant qu'injuste !*

Il faudroit 3°. faire pour les Savoyards un Catéchisme des differentes injustices petites & grandes dont ils sont capables, selon leur âge, leurs occupations, & leurs services, de peur de déplaire à Dieu, selon ce précepte : *Ne faites point contre un autre ce que vous ne voudriez pas qu'il fît contre vous. Rendez tout ce que vous devez ; Ne demandez rien de plus qu'il ne vous est dû ; Ne soyez point ingrats : Rendez par reconnoissance les services que vous pourrez.*

Il faudroit 4°. faire pour eux un Catéchisme des differentes bienfaisances petites & grandes dont ils sont capables, & sur-tout pardonner les injures, souffrir patiemment de ses camarades & des autres, rendre plus de services qu'ils ne doivent, n'exiger pas tout ce que l'on leur doit.

Conclusion.

Il est vraisemblable que si l'instruction impri-

primée de Mr. l'Abbé de Pont-briant fe tour-
noit davantage du coté de l'obfervation de la
juftice & de la pratique de la bienfaifance, le
Gouvernement fe trouveroit beaucoup plus porté à favorifer ce pieux établiffement.

Le Roi a envoyé des Académiciens, les uns
au Pérou, les autres en Laponie, pour mefurer
exactement combien de lieuës de vingt-cinq
au degré contient un degré ; foit du Nord
au Sud, foit de l'Eft à l'Oueft, & cela dans
le deffein de perfectionner les cartes de Géo-
graphie.

On dit que cette entreprife coutera à l'Etat
plus de cent mille onces d'argent, ou plus de
fix cent mille livres. Je l'approuverois fort fi je
pouvois croire que cette utilité Géographique
qu'en tirera la France eft plus grande que fi
cette fomme avoit été employée à paver de
mauvais chemins fort fréquentés & à faire quelqu'autre ouvrage plus utile.

C'eft ce qui m'a tant fait regretter les trois
millions d'onces d'argent employés aux travaux
de Maintenon, & les huit millions d'onces
d'argent employés aux bâtiments de Verfailles,
& les deux cent millions d'onces d'argent employés par le feu Roi en guerres qui n'ont fer-

vi qu'à appauvrir ſes voiſins, en appauvriſſant ſes ſujets.

Voilà quels ſont les Rois que d'hardis flateurs propoſent pour modéles de Rois bienfaiſans.

ANNE'E 1736.

On a mis depuis peu de jours le Dauphin entre les mains d'un Gouverneur & d'un Précepteur, ſelon la méthode ancienne, comme ſi elle étoit la meilleure.

Le but principal d'une bonne éducation devroit être de fortifier davantage l'eſprit du Dauphin dans les habitudes à pratiquer la juſtice & la bienfaiſance, qu'à fortifier les habitudes pour multiplier les connoiſſances & pour s'en ſouvenir.

Il eſt vrai qu'une bonne éducation embraſſe les deux objets; mais comme une grande juſtice & une grande bienfaiſance jointes à de médiocres connoiſſances ſont beaucoup plus aimables & plus utiles pour ſoi & pour les autres qu'une grande habitude de connoiſſances avec une vertu médiocre, c'eſt-à-dire, avec des vices mêlés de vertus, il ſeroit raiſonnable que de ſix heures d'éducation, on

en

en deſtinât quatre pour les habitudes aux vertus & deux pour les connoiſſances : or dans
l'éducation d'aujourdhui, à peine deſtine-t-on
une demi - heure à faire eſtimer, aimer &
pratiquer ces deux vertus, & à leur mettre
devant les yeux les deux grands motifs de
ces deux vertus, la crainte de l'Enfer &
l'eſpérance du bonheur de la vie future, &
même le plus grand bonheur de la vie préſente.

Auſſi n'eſt-il pas étonnant qu'avec une ſi
mauvaiſe éducation de nos péres, nous trou-
vions en entrant dans le monde tant d'eſtime
pour ceux qui ſe diſtinguent en connoiſſances
curieuſes & ſi peu d'eſtime pour ceux qui ſont
les plus juſtes & les plus bienfaiſants.

On nous laiſſe dans la premiére jeuneſſe
eſtimer le crédit, les richeſſes, la puiſſance,
ſans nous montrer que ces qualités ne ſont
eſtimables & louables que par le bon uſage que
l'on en fait, en obſervant la juſtice & en pra-
tiquant la bienfaiſance.

Auſſi l'émulation la plus commune n'eſt pas
comme celle de Caton, *à qui deviendra le plus
vertueux*, mais à qui deviendra le plus puiſſant, le plus accrédité & le plus riche, ſoit

par

par les talens, foit par les fourberies, les baf-
fes flatteries & les calomnies.

Ce défaut dans notre éducation commune
eft d'autant plus grand, que dans l'éducation
du Dauphin, il s'agit de l'éducation de celui
dont la conduite fera comme le modéle de la
conduite de fes fujets.

La déclaration du 3e. Avril de cette année
qui oblige toutes les Communautés à ferrer du
bled dans leurs greniers pour trois ans eft bonne & utile, en ce qu'elle diminue fuffifamment la crainte mal fondée que l'on peut avoir
de la famine, parce que la feule crainte fans
fondement peut faire augmenter le prix exceffivement, ce qui fait la famine, & parce que
cette efpéce de magazin peut donner le tems
d'en faire venir des Provinces abondantes &
de l'étranger.

Mais pour bannir cette crainte, il faut que
l'on ne puiffe pas douter dans le Public que la
Loi foit obfervée par les Communautés; or
je ne vois pas que par la déclaration le Confeil ait affez pourvû à cette opinion fur l'obfervation; & à dire la vérité je crois que Paris
devroit prendre la méthode de Strasbourg, où
le prix du pain n'eft jamais exceffif.

La

La Déclaration du 3e. Avril marque un défaut dans notre Police de Paris, c'eſt qu'elle eſt partagée en deux, entre le Lieutenant de Police & le Prévôt des Marchands, qui ont chacun leurs Officiers de Juſtice. Il ne faudroit qu'un ſeul Tribunal & un ſeul Préſident ou Magiſtrat de Police; mais il ſeroit à propos de diſtinguer les affaires de Police entre particuliers qui ſeroient jugés par les Officiers, ſauf l'appel au Parlement, & les affaires de Police générale qui regardent les approviſionnemens, la commodité, la ſureté des habitans, & les ordonnances ſur ces ſujets; or cette Police générale de la Capitale devroit ſe régler uniquement par le Conſeil du Roi; & le Magiſtrat de Police générale ne devroit point dépendre du Parlement, mais rendre compte de la Capitale immédiatement au Roi ou au Premier Miniſtre, comme un Sécrétaire d'Etat, en recevoir les ordres & les faire exécuter. Il devroit même avoir l'autorité du Gouverneur de Paris, qui eſt une place ſans fonction, qui devroit être ſupprimée & réunie au Roi.

Il manque à cette Déclaration des amendes contre les contrevenants & des récompenſes pour les obéiſſans; le tiers des amendes au profit des obſervateurs de la Loi , les deux tiers au profit de celui qui fait la viſite.

Il y a deux inconvénients ſur le bled ; quand il y en a trop dans le Royaume , il ſe vend à trop bon marché , les Fermiers payent mal leurs fermes , les taillables payent mal leurs tailles , les laboureurs ſe découragent , ils ſément autre choſe que du bled , & l'année ſuivante il y a trop peu de bleds ; & ſi la moiſſon a été mauvaiſe , il y a famine.

Le reméde c'eſt de donner permiſſion d'en faire ſortir du Royaume , quand le quintal eſt dans les ports ou villes frontiéres au - deſſous du prix commun & ordinaire , c'eſt-à-dire audeſſous de ſix livres tournois ou d'une once d'argent à onze parties de fin argent. Il ſera facile à chaque Intendant de compoſer tous les ans ce prix commun ordinaire du prix commun des dix derniéres années , & de défendre le tranſport à l'étranger , dès que le prix du quintal paſſera ce prix commun & ordinaire , & de donner la permiſſion d'en tranſporter à l'étranger quand le quintal eſt au-deſſous de ſix livres.

Il y auroit encore un moyen plus ſûr , ce ſeroit de connoitre par les Curés le nombre

des

des habitans & le nombre des gerbes & des quintaux de bled. J'en ai parlé ailleurs, & l'on pourroit fe fervir de ces deux moyens pour favoir quand il faut défendre ou permettre le tranfport de bleds hors du Royaume & d'en défendre la fortie quand il eft à un certain prix trop haut le quintal, ce qui eft la méthode d'Angleterre. Ainfi ce feroit à chaque Intendant à faire ces défenfes.

Thamas - Kouli - Kan Général des Perfans, a fait égorger fon Roi & les Princes du Sang. Il fe fait appeller Schack-Nadir, Roi excellent. On n'a point à craindre pareille avanture pour aucun Souverain d'Allemagne, à caufe de l'autorité & de la fupériorité de force de la Diéte Germanique qui feroit punir de mort l'ufurpateur.

Nous avons vû cette année & les années paffées des Miniftres déplacés mourir peu à peu d'obftructions dans le foye que caufoit le chagrin de fe voir fans la confidération que donne la place, c'eft qu'il n'avoient pas l'ambition de furpaffer leurs pareils en talens utiles & en bienfaifance publique, mais feulement de les furpaffer en crédit, en pouvoir, fans fe foucier de faire un bon ufa-

ge

ge pour le public de ce pouvoir. Ils préféroient la gloriole à la vraie gloire; ainſi je ne les plains pas, & le public ne les regrette pas.

Nous avons fait cette année une faute ſur Avignon; nous pouvions ſtipuler avec l'Empereur & le Duc de Lorraine, que l'on détacheroit du Grand Duché un petit canton attenant du Patrimoine de Saint Pierre d'environ cent mille écus de rente en faveur du Pape, qui nous auroit volontiers cedé Avignon, dont il ne tire rien, & qui nous auroit rapporté plus de cinq cent mille livres par an.

S'il eſt vrai ce que l'on dit, qu'au Congrès de Soiſſons Zinzendorf Premier Miniſtre de l'Empereur nous ait propoſé la Lorraine pour nous engager à ſigner le traité d'acceſſion à la garantie de l'indiviſibilité des Etats de l'Empereur, nous avons fait par nôtre faute une perte de plus de cent millions employés à la derniére guerre, & plus de cinquante mille hommes, puiſque nous ſommes revenus à ſigner cette acceſſion, moyennant la ceſſion qui nous a été faite de la Lorraine; car nous n'aurions point eu de guerre pour la Pologne.

A la fin de cette année 1736. le dixiéme que voila ſupprimé a été levé trois ans; il a
pro-

produit environ quatre millions cinq cent mille onces d'argent par an.

La méthode qu'on a suivie pour lever ce subside a été semblable à la précédente, & a bien
fait crier, parce qu'elle n'a pas été proportion-
née pour tout le monde.

Si d'un côté le subside n'avoit été qu'au quinziéme, & si de l'autre les déclarations des im-
posables avoient toujours été véritables, le subside auroit monté plus haut, & auroit fa: moins
crier, parce que personne n'eût eu sujet de se
plaindre d'aucune injustice.

Si l'on vouloit dans une autre occasion tirer
la mème somme de quatre millions cinq cent
mille onces d'argent par an, il faudroit se ser-
vir des derniéres taxes pour savoir ce qu'une
Compagnie de cinquante ou de cent familles
nobles d'une Election avoient payé en 1736. &
leur demander à tous pareille somme, à charge
de la répartir entr'elles suivant leurs déclarations faites sur un même modéle, en déduisant
le dixiéme pour les réparations des Fermes, &
le tiers pour celles des moulins, & à condition
que ceux qui déclareroient faux d'un dixiéme
payeroient le quadruple, moitié au profit de la
Compagnie, moitié au profit des Collecteurs,

R r 3   qui

qui auroient un ſol pour livre de leur recep-
te, & ce ſol ſeroit payé au - delà du ſubſide.

A l'égard des Villes, il n'y auroit qu'à augmenter le produit des entrées d'un dixiéme.

A l'égard des taillables, comme la méthode
de la taille tarifiée ſeroit alors établie, il n'y
auroit qu'à ſuivre leurs déclarations ſur leur
revenu.

ANNÉE 1737.

Nous avons vû dans le mois de Février la
diſgrace de Mr. Chauvelin Garde des Sceaux
& Sécrétaire d'Etat des Affaires Etrangéres ; il
paroiſſoit dans les premiéres années de ſon Miniſtére deſtiné par le Cardinal de Fleury Miniſtre Général à lui ſuccéder dans ce premier poſte.
Ses ennemis avouent qu'il a beaucoup d'eſprit
& qu'il eſt trés laborieux. Son tort à l'égard du
Cardinal, c'eſt d'avoir voulu voler de ſes propres
aîles & de ne s'ètre pas contenté d'exécuter.

L'Ambaſſadeur d'Angleterre & l'Ambaſſadeur
d'Hollande, gens pacifiques, l'ont accuſé d'avoir
adopté la déteſtable maxime du Cardinal de
Richelieu & du Cardinal Mazarin, c'eſt *que
le Miniſtre Général pour ſe ſoutenir contre ſes
envieux & contre ſes calomniateurs, devoit faire*

re naître des guerres, & les faire durer, pour se rendre plus néceſſaire.

Mais ils ne l'en ont pas convaincu. J'ai ouï dire au contraire qu'il ſe propoſoit, après la mort ou la retraite du Cardinal, de faire agréer l'établiſſement de la Diéte Européane, pour terminer ſans guerre les petits différends à venir, par le jugement des Souverains, à la pluralité des voix pour la proviſion, & aux trois quarts pour la définitive ; & effectivement cette entrepriſe eſt ſi belle, ſi grande, ſi importante, ſi difficile, que le Miniſtre laborieux, plein d'expédiens, qui l'entreprendroit, deviendroit par cette ſeule entrepriſe néceſſaire au Roi & au Royaume.

Les Bénédictins de la Congrégation de Saint Maur ont perdu Dom Dupré leur Général : ils ont élu Don Lanneau.

Je ne ſai pourquoi, riches comme ils ſont, ils ne ſongent pas à devenir plus conſidérés dans l'Etat, en devenant plus utiles à la nation, en perfectionnant leurs Colléges & en les multipliant. Je ne ſai pourquoi le Gouvernement ne les dirige pas de ce côté là, afin d'entretenir encore plus l'émulation entr'eux & les Jéſuites, à qui réüſſiroit le mieux dans l'é-

R r 4

du-

ducation de la jeuneffe, furtout du côté des habitudes les plus importantes au bonheur de la
vie préfente & de la feconde vie, c'eft-à-dire
aux pratiques des diverfes parties de la juftice
& de la bienfaifance.

D'où vient que nos connoiffances ont bien
plus fait de progrès que nos vertus? D'où vient
que le monde eft bien plus peuplé de gens diftingués par leur efprit que de gens diftingués
par leur vertu? n'en cherchez point d'autre
raifon, c'eft que nôtre éducation eft encore
aujourdhui beaucoup plus tournée vers la diftinction qu'apporte l'efprit fupérieur que vers
la diftinction qu'apporte la vertu fupérieure.

D'où vient que dans les Monaftéres on fait
autant & plus de cas des priéres & des autres
petites dévotions extérieures que du pardon
des injures, des prévenances de politeffe & des
pratiques des différentes parties de la juftice &
de la bienfaifance, pour imiter l'Etre parfait,
pour lui plaire & pour en obtenir le Paradis?
N'en cherchez point d'autre raifon que dans les
défauts qui font dans l'éducation que nous a-
vons prife dans nos Colléges.

D'un côté changez peu à peu cette éducation
en Europe, & de l'autre établiffez la méthode
du

du fcrutin perfectionné dans les emplois publics , & vous changerez en peu de tems la face de la terre, & d'une habitation peu heureufe où régne l'injuftice, vous en ferez une habitation paffagére de juftes & de bienfaifans ,
incomparablement plus heureufe qu'elle n'eft
aujourdhui, & peuplée de Saints qui jouïront
d'une félicité éternelle. On porte dans la premiére jeuneffe une grande partie des opinions
& des habitudes de l'enfance, & l'on porte dans
la maturité de l'âge une partie des opinions &
des habitudes de la jeuneffe.

Les Chambres du Parlement ont une difpute
avec le Premier Préfident Pelletier. Les huit
Chambres du Parlement prétendent qu'elles
peuvent s'affembler fur les affaires générales du
Parlement fans la convocation du Premier Préfident, qu'elles peuvent propofer la matiére de
la délibération & délibérer en préfence du Premier Préfident, quoiqu'il ne veuille pas la propofer, & recueillir les voix pour la réfolution.
Le Premier Préfident foutient le contraire.

Le Premier Préfident dit pour fes raifons,
qu'il eft l'homme du Roi, comme l'homme du
Parlement, qu'il doit fon attention & à l'un &
à l'autre, qu'il ne doit ni convoquer le Parlement

ment pour les affaires qui regardent le Confeil du Roi, ni permettre qu'il y foit rien propofé contre la volonté du Roi ; & que fur les matiéres dont le Roi veut fe referver la connoiffance, il peut ne pas convoquer l'Affemblée des Chambres, fans avoir confulté le Miniftére, pour favoir fi le Roi veut ou ne veut pas s'en referver la connoiffance, & je crois que de ce côté là il a raifon.

Eft-ce donc leur faire une injure, fi en certaines rencontres le Premier Préfident avant que de propofer un fujet douteux de délibération, veut favoir du Roi s'il affemblera les Chambres fur un tel fujet, & effectivement il s'eft trouvé que l'affaire particuliére qui a fait naître la queftion générale a été évoquée & jugée par le Confeil.

Cependant il y a quinze jours que les huit Chambres ne travaillent point à décider les affaires des Particuliers des Provinces qui font ici & qui dépenfent inutilement leur argent en attendant leur reconciliation ; Eft-il jufte que le Public fouffre de pareilles difputes fi peu utiles au bien public ?

Enfin voici l'arrèté qui a terminé cette affaire.

Ar-

Arrêté du Parlement du 7ᵉ. Mars 1737.

La Cour délibérant fur ce qui s'eft paffé le 15ᵉ. Février & jours fuivans, a arrêté qu'elle continuera à obferver fes anciens ufages, maximes & difciplines qui lui font propres, & notamment en ce qui concerne le droit & liberté de délibérer qu'elle a toujours eu.

Le lendemain les Chambres recommencérent à travailler aux procès entre les particuliers, fur quoi on a dit, *parturient montes*; auffi les deux parties prétendent avoir gagné leur procès, parce qu'il n'y a rien de décidé.

On dit que le Miniftére par le confeil du Chancelier Dagueffeau avoit fait entendre aux Chambres, que fi elles ne s'accommodoient avec le Premier Préfident, & que la conteftation revint à juger au Roi, il décideroit en faveur du Premier Préfident.

Il y avoit encore cette année une affez grande fermentation dans les efprits des Théologiens, qui fe communiquoit aux autres fujets, dont la plupart étoient affez fots pour prendre parti, & pour haïr & perfécuter en différentes maniéres le parti oppofé; & je mettrai à cette occafion la rélation de ce qui m'arriva il y a huit jours.

Un Docteur de Sorbonne, exilé comme Molinifte,

linifte perfécuteur qui cherche à faire un fchif-
me dans l'Eglife de France, fit imprimer en
1736. deux nouvelles lettres pour montrer
que tous les Catholiques devoient traiter d'ex-
communiés & éviter comme peftiférés , foit
dans les Eglifes, foit ailleurs, tous ceux qui
font ou qu'ils croyent Janfeniftes & oppofans
à la Conftitution *Unigenitus.* On ne fait pour
quelle raifon il mit dans le titre de ces lettres
qu'elles étoient écrites par Mr. l'Abbé de *Saint*
Pierre : Je ne devine point pourquoi il a ainfi
employé mon nom.

C'eft un de ces fanatiques, qu'on peut appeller boutefeux, qui voudroient exterminer par
un beau zéle tous ceux qui n'ont pas le bonheur de penfer précifément & en tout comme
eux. Je crois au contraire que rien n'eft fi re-
commandé aux hommes par la Religion que
l'obfervation de la juftice & la pratique de la
bienfaifance les uns envers les autres, pour plaire à Dieu & pour en obtenir le Paradis ; je
foutiens par conféquent que non feulement
nous devons avoir de la patience & de l'indulgence pour ceux que nous croyons dans l'erreur, mais que nous devons même leur procurer du bien & les traiter comme nous vou-

drions

drions en être traités, s'ils étoient les plus forts ; ainſi je me ſuis fort défendu d'avoir eu aucune part à de ſi injuſtes écrits.

Cependant un Religieux, homme d'eſprit, mais dans cette erreur, *qu'il faut pratiquer la perſécution par zéle pour la vérité*, me fit l'autre jour compliment ſur la maniére éloquente & ſavante dont ces deux Lettres ſont écrites : *Mon Pére*, lui répondis-je, *j'aime ſur toutes choſes la paix & la tranquillité dans l'Etat & dans l'Egliſe, ainſi je ſuis très éloigné de l'opinion de celui qui a écrit ces Lettres perſécutantes & ſéditieuſes ; je ſuis à la vérité de l'opinion de Molina ſur la Liberté, mais non pas Moliniſte ; c'eſt un terme de parti perſécutant ; or la bienfaiſance ne permet jamais d'être d'aucun parti perſécutant, elle qui ne viſe au contraire qu'à l'union & à la concorde.*

Mais, Monſieur, me dit le Religieux fort étonné, *vous ne vous ſouciez donc pas de ſauver la vérité des artifices de l'erreur ? Non, mon Pére ; lui dis-je ; Quand pour ſoutenir la vérité on eſt forcé de perdre la charité bienfaiſante envers ceux qui prennent l'erreur pour la vérité ; c'eſt que la vérité ne ſe noye jamais ; on a beau la plonger, elle ſurnage, elle revient tou-*

jours

jours *sur l'eau : l'homme qui ne la connoît point aujourdhui la connoîtra demain ; au lieu que la charité bienfaisante se perd toujours par les marques de mépris & de haine, & par les persécutions mutuelles & injustes qu'inspire toujours l'esprit de parti persécutant, surtout à ceux qui se piquent de paroître fort zélés pour leur parti.*

Les erreurs de nôtre prochain, ajoutai-je, *sont des défauts, mais ils sont involontaires, car nul ne veut être trompé ; ainsi ces erreurs involontaires sont excusables, & lorsqu'elles ne sont point contraires à la pratique de la charité bienfaisante, elles ne font jamais aucun mal à la societé, au lieu que les persécutions sont toujours volontaires ; car qui persécute veut persécuter ; ainsi elles sont toujours inexcusables, elles sont toujours injustes ; car n'est-ce pas faire contre les autres ce que vous ne voudriez pas qu'ils fissent contre vous ? Ainsi rien n'est plus opposé à toute societé & à toute charité bienfaisante que la haine, l'intolerance & la persécution reciproque qui se trouve dans les differents partis :* & puis je le quittai.

Depuis l'exil du Garde des Sceaux on a beaucoup parlé de differentes personnes sur qui tomberoit le choix du Cardinal pour lui succèfuccéder ; mais à dire le vrai , je ne connois perfonne en qui le Roi ait affez de confiance que le Duc d'Orléans , le parent le plus proche du Dauphin , c'eft qu'il a beaucoup de Religion , exclud toute injuftice & recommande la bienfaifance ; mais il y a un grand obftacle , c'eft que par cette Religion mal - entenduë il craindroit de fe charger du Gouvernement , par les mêmes raifons que quelques Saints anciens refufoient d'abord par la Religion mal - entenduë de fe charger des places d'Evêques. Cependant le Cardinal qui eft né en 1653. & qui a quatre-vingt & quatre ans , fonge avec raifon à fe donner un fucceffeur qui ait toujours comme lui la plus grande utilité publique pour but principal ; il devroit le propofer au Roi , afin qu'il s'y préparat de loin. Je ne lui demande que le défir de bien gouverner , & par conféquent de n'écouter dans les affaires du Gouvernement que l'avis des Bureaux du Confeil du Roi.

En général j'aime mieux pour Miniftre Général un homme de bien diftingué par fa juftice & par fa bienfaifance, qu'un grand génie avec peu de vertu ; c'eft que les lumiéres peuvent fe fuppléer par les gens habiles en chaque

que matiére, qui ne feront pas rares quand l'Académie Politique & la méthode du Scrutin feront établies, & qui ne font pas mêmes rares aujourdhui dans le Confeil; mais la probité, la droiture des intentions vers la plus grande utilité publique, quand elles ne fe trouvent pas dans celui qui gouverne, ne fauroient fe fuppléer par la droiture & par la vertu des autres.

Nous voyons la preuve de cette opinion dans le caractère du Cardinal de Fleury, qui a beaucoup plus de probité & de droiture que de lumiéres politiques ; tout le monde fouhaite la durée de fon Miniftére, & avec raifon ; c'eft que les lumiéres quand elles ne font pas dirigées par la juftice & par la bienfaifance, font fort nuifibles à l'augmentation du bonheur des fujets & des voifins.

J'ai vû avec plaifir une déclaration du 16. Avril de cette année pour établir à l'Hopital de la Salpétriére un grenier qui contiendra au moins dix mille muids de bled, pour l'approvifionnement de Paris ; c'eft cent vingt mille feptiers ; or un feptier qui péfe deux-cent quarante livres fuffit pour la nourriture d'un homme par an ; c'eft pour nourrir cent vingt

mil-

mille habitans durant douze mois, ou pour en nourrir huit cent mille durant près de deux mois, efpace de tems qui ne fuffit pas pour en faire venir par mer des Pays étrangers ; mais apparemment que l'on en bâtira encore un autre à l'imitation de celui de Strasbourg, où eft, je crois, la meilleure police pour le bled quant à préfent.

Dans le commencement du mois d'Aouft, un Confeiller de la feconde des Enquêtes de Paris, nommé Carré de Montgeron, fortement perfuadé des guérifons miraculeufes faites par l'interceffion du feu Diacre Paris qui avoit appellé au futur Concile de la Bulle *Unigenitus* comme remplie d'erreurs, avoit fait un Livre pour faire connoître la réalité de ces miracles, & pour en conclure, dit-on, que l'appel du Sieur Paris étoit bien fondé.

Comme fi Dieu ne pouvoit pas auffi facilement, fans équivoque & avec plus de fuccès, faire par miracle defcendre quelques papiers du Ciel en préfence d'un grand Peuple, pour nous inftruire de plufieurs vérités, fi outre la pratique de la charité bienfaifante, la connoiffance en étoit néceffaire au falut, au lieu que les guérifons font toujours des miracles équi-

Ann. Polit. II. part. S s voques,

voques, fondées en partie fur des rélations très fautives.

Comme ce bon homme croyoit que les Miniftres trompoient le Roi dans cette affaire, il fut affez fanatique & affez mal avifé pour aller il y a huit jours en préfenter un exemplaire au Roi à Verfailles, en lui difant & en lui écrivant dans fon Epitre dédicatoire que fes Miniftres le trompoient. Le Roi l'a fait mener à la Baftille en prifon, & de là à Viviers en Languedoc.

Il paroît que le fanatifme de ce Confeiller devoit à la vérité être puni comme d'un manque de refpect au Roi & au Gouvernement, & même comme d'une démarche qui tend à réveiller des difputes qui commençoient à s'affoupir & à fe calmer; mais au lieu de la prifon de la Baftille, j'aurois opiné qu'on l'eût fait conduire aux petites maifons, avec ordre de le bien nourrir, & de l'y tenir jufqu'à nouvel ordre; & puis ailleurs, *jufqu'à ce que l'on pût juger par l'aveu de fon imprudence que fa raifon lui fût revenue*, c'eft-à-dire, jufqu'à ce qu'il eût reconnu fon imprudence d'avoir agi comme infaillible ou comme un homme envoyé de Dieu.

C'eft

C'eft qu'il eft à propos de ne pas traiter ces fortes de folies férieufement par des punitions férieufes, mais par des punitions de mépris. Il feroit même à fouhaiter que cette forte de punition de mépris public fût plus fouvent employée dans un grand Royaume pour des fautes femblables, qui font plutôt des accès de folie de gens de bien que de véritables crimes de fcélerats.

C'eft en ce fens qu'il eft vrai que les mépris & le ridicule que l'on fait jetter fur ces fortes d'extravagances, font beaucoup plus propres à les faire éviter que des punitions férieufes.

Il paroît même un peu injufte de traiter comme criminel un Homme jufte & bienfaifant qui fait réellement le mal en tâchant de faire le bien.

Mais il eft à propos qu'il apprenne par la prifon que c'eft un mal puniffable que de faire quelque chofe qui peut troubler le calme & la tranquillité de la focieté, & de fe donner pour Prophète ou infpiré du Ciel, furtout lorfque les Miniftres de l'Etat favent que les erreurs étant des défauts très involontaires ne font pas des défauts plus puniffables que d'être aveu-

gle

gle ou sourd, ou boiteux par accident.

Sub Deo justo miser esse quisquam nisi mereatur potest, dit St. Augustin. *Sous un Dieu juste, nul ne doit souffrir, s'il ne le mérite.* Or les foux, les fanatiques gens de bien, ne sont pas criminels; mais ils méritent d'être traités comme les foux.

L'Etat devroit bâtir aux petites maisons des loges pour les Théologiens fanatiques & intolerans qui feroient des Ecrits tendants à troubler la tranquillité publique. On verroit que les marques de mépris auroient plus de succès que des punitions sérieuses.

Ridiculum acri
Fortius ac melius fatuas plerumque secat res.

Il feroit même à propos de jouer ces espéces de foux & de folies, sur nos differents Theatres, & surtout à la Foire pour le Peuple; d'en récompenser les Poëtes & les Acteurs, & ne demander aux Spectateurs que la moitié du prix de l'entrée.

Représenter les mauvais raisonnéments de ces fanatiques, c'est assez pour les rendre méprisables & ridicules.

Ce 4e. Décembre Mr. le Comte de Toulouse fils

fils légitimé du feu Roi Louis XIV. vient de mourir il y a deux jours, fort regretté & fort aimé de tout le monde ; c'eſt qu'il étoit très juſte & très bienfaiſant, & mon opinion eſt qu'il jouit des plaiſirs éternels du Paradis.

J'ai appris aujourdhui un mot du Roi, qui marque ſa bienfaiſance envers ſes pauvres ſujets ; quand il apprit, il y a deux mois la mort du dernier Grand Duc de Toſcane, & que par cette mort il ſeroit déchargé de trois millions qu'il devoit payer au Duc de Lorraine, juſqu'à ce qu'il fût en poſſeſſion de la Toſcane ; *Ces trois millions, dit-il, me viennent fort à propos pour diminuer les Tailles, & ſurtout pour ſoulager les paroiſſes qui ont été grêlées cette année :* & les Tailles ont été effectivement diminuées de trois millions.

A N N E' E 1738.

13. *Février.*

J'ai atteint aujourdhui la quatre-vingtiéme année de mon âge, & avec de la ſanté ; ſi la vie eſt une lotterie pour le bonheur, il ſe trouvera qu'à tout prendre, il m'eſt échû un des meilleurs lots, que je ne changerois pas

con-

contre un autre, & il me reste une grande espérance du bonheur éternel.

J'ai appris qu'il court plusieurs chansons satyriques contre des personnes considérables de l'un & de l'autre sexe, & même des lettres anonymes pour décrier la conduite de quelques Dames de la Cour & de la Ville.

Du 30. Mars.

On me dit hier qu'on nommoit quatre jeunes gens pour Auteurs de ces chansons & de ces Lettres anonymes. On s'en est plaint au Roi, qui a d'abord jugé qu'il falloit les casser, leur ôter leurs Emplois & les exiler; mais le Cardinal de Fleury, par considération pour leur parenté & pour leur jeunesse, a fait sagement moderer la punition à une sorte d'exil, & d'ailleurs leur crime n'étoit pas assez constaté.

Je suis persuadé qu'il est de la bonne police d'exiler pour un an au moins les Poëtes & les Ecrivains satyriques *soupçonnés fortement* de pareilles satyres, & que le Roi devroit même en faire un Edit, afin que les Parlemens pussent faire exécuter cette Loi.

Je comprends qu'en pareil cas l'innocent peut
être

être exilé pour le coupable ; mais cette peine que l'innocent fouffrira, l'obligera lui & fes amis à découvrir le coupable pour faire plus tôt finir fon exil ; & puis cette peine marquera toujours la grande averfion du Législateur pour la fatyre, & pourra bannir entiérement ce malheur de la focieté à peu de frais.

La Loi ordonnera même que fi le crime de fatyre eft fuffifamment prouvé, le coupable fera condamné à une prifon de cinq ans.

J'appelle fatyre tout ce qui eft écrit contre l'honneur des hommes & des femmes, foit en ironique, foit en férieux, foit en profe, foit en vers.

Je ne nomme point les quatre exilés, parce qu'ils font jeunes, & qu'ils peuvent un jour employer leur efprit, non à faire contre un autre ce qu'ils ne voudroient pas qu'on fit contr'eux, mais à faire un jour pour les autres tout ce qu'ils voudroient qu'on fit pour eux.

Ils feront dans dix ans fort honteux d'avoir été mauvais Citoyens ; c'eft être malhonnète homme, c'eft à dire fort injufte. Il y a dans leur conduite autant d'étourderie & d'ignorance que de méchanceté & d'injuftice ; ils fe repentiront d'avoir été injuftes.

Ss 4

Avril.

Avril.

On m'a dit aujourdhui une chofe que je n'euffe pas cru, c'eft que le Cardinal de Fleury pour conferver fon grand crédit ne veut point que pendant fa maladie les Miniftres finiffent les affaires avec le Roi, parce qu'elles feroient peut-être un peu moins bien réglées qu'elles ne le feront en fa préfence; j'avois penfé jufqu'ici le contraire, & qu'il feroit bien aife que le Roi s'accoutumât un peu à gouverner lui feul, quoique moins prudemment fans fon fecours; car il feroit à fouhaiter qu'un Roi vou'ût prendre la peine de gouverner lui-même à vingt-huit ans.

Je crois cependant le Cardinal de Fleury plus eftimable que Richelieu du côté de la vertu, mais plus petit du côté des lumiéres fur le Gouvernement de l'Etat. Tout compté nous le regrettons avec juftice, c'eft qu'il eft doux, moderé & plein d'intentions droites.

Le Parlement de Paris vient de faire une démarche d'enfant. Mr. de Montgeron Confeiller au Parlement, un peu fanatique fur les prétendus miracles du feu Soudiacre Paris, & exilé pour une démarche fanatique dans le

Dio-

Diocèse de Viviers, s'est plaint au Parlement de ce que trois ou quatre Curés ou autres Prêtres, ni l'Evèque de Viviers, n'ont point voulu le recevoir à la Communion Paschale, à moins qu'il ne déclarât qu'il se soumet à la Conſtitution *Unigenitus* ; toutes enfances de part & d'autre. Le Parlement, au lieu de mépriſer une pareille plainte d'enfant, a ordonné que cette plainte feroit portée au Roi, & qu'on lui feroit des repréſentations férieuſes ſur une pareille bagatelle, que l'homme ſage doit laiſſer dans l'oubli, de peur de réveiller l'animoſité des deux partis qui ſe haïſſent & qui ſe perſécutent comme des écoliers de differents Colléges. Celui qui a reçu la lettre de Mr. de Montgeron, s'il avoit cru que la charité pacifique & bienfaiſante eſt le ſeul moyen de plaire à Dieu, l'auroit conſolé ſans en parler au Parlement, en lui diſant qu'il étoit de la charité de pardonner les erreurs de ſes Concitoyens, & que ſon indulgence pour eux étoit plus eſtimable que n'eût été ſa Communion paſchale, qui n'eſt qu'une cérémonie extérieure & qui n'eſt pas commandée à ceux à qui elle eſt impoſſible.

Mais il y a partout des hommes éloquens

fa-

fanatiques qui penſent & qui agiſſent quelquefois en enfans.

Mai 1738.

Je viens d'apprendre que le Miniſtére n'a pas approuvé ni les Curés, ni l'Evêque de Viviers ; heureuſement le Miniſtére juſte & bienfaiſant ne conſulte pas les intolerans, parce qu'il a pour but la concorde, ou du moins la tranquillité des ſujets, comme fondement du bonheur de toute ſocieté.

Juillet 1738.

J'ai appris aujourdhui avec plaiſir que Mr. le Controlleur Général des Finances pourſuivoit avec conſtance l'établiſſement de la Taille tarifiée, projet que je lui donnai il y a quatre ou cinq ans.

J'ai fait le mois paſſé un Mémoire pour ſervir de préſervatif aux maladies qu'on appelle poſſeſſions & convulſions.

24ᵉ. Décembre 1738.

Nous voyons depuis deux ans avec étonnement la Cour de France unie avec la Cour de Vien-

Vienne, & par conséquent le syftème de l'équilibre de ces deux Puiffances très ébranlé. C'étoit pourtant le syftème qui fondoit toute la fureté des moindres Puiffances des autres Princes de l'Europe.

Ils font allarmés, & avec raifon, de cette union, & leur crainte commence à leur infpirer, du moins à la plupart des moins puiffants, le défir de former entr'eux une ligue défenfive.

Mais s'ils ne font pas les articles de leur union tels que les Souverains les plus puiffants les puiffent accepter pour la confervation de leurs Etats dans leur famille en l'état qu'ils font & fans guerres à craindre, malgré les minorités & les autres affoibliffements, & malgré l'ambition injufte des Princes futurs, il arrivera qu'ils s'attireront la guerre & qu'ils ne feront rien de folide.

Ainfi leur crainte les portera fans y penfer à figner les cinq articles fondamentaux de l'union Européane & à folliciter de concert l'acceffion à ce traité, tantôt de l'Efpagne, tantôt de la France, & puis de l'Empereur & de la Czarine ; & comme cette fignature procurera certainement à chacun d'eux des avantages immenfes, les premiers affociés n'auront pas de

peine

peine à en faire fentir de femblables à ceux
dont ils folliciteront l'acceffion.

Le Cardinal de Fleury, quoique d'humeur
très pacifique, a toujours regardé l'union Européane comme impoffible à former; ainfi il
n'a pas lû mon ouvrage; mais fi trois affociés
le lui préfentoient à figner, voyant toutes fes
impoffibilités levées par cette demande, il ne
demanderoit pas mieux que de folliciter lui-
même l'acceffion des autres Cours, parce qu'on
l'auroit forcé de voir tous les avantages qu'en
tireroit non feulement la Nation Françoife &
la Maifon de France, mais encore toutes les
autres Nations de l'Europe; au refte ce qui
ne fe fera pas fous fon Miniftére fe fera fous
le fuivant. Je lui écris encore aujourdhui pour
lui propofer de parcourir la derniére édition
du Projet de paix perpétuelle pour rendre la
paix de Vienne durable.

Il m'a toujours dit : Vôtre projet de Traité
eft très évidemment défirable pour tous les
Souverains, pour toutes les Maifons Souveraines & pour toutes les Nations, mais impoffible dans l'exécution, parce qu'ils ne voyent
pas leurs grands intérêts; & moi je réponds:
Des Souverains affociés, tels que feront plu-

fieurs

leurs Souverains moins puiffants qui ont à craindre leurs voifins plus puiffants, lorfqu'ils folliciteront enfemble & de concert, tantôt un des plus puiffants, tantôt l'autre, d'examiner les grands avantages qui leur en reviendront, & après cet examen ils accéderont au traité fondamental.

Le Pére Jofeph Capucin, d'une imagination vigoureufe, ambitieux, ami & Confeffeur du Cardinal de Richelieu, vouloit être Cardinal, & il l'eût été, s'il eût vécu encore quelques mois; il vouloit fe faire canonifer, & pour y arriver il inftitua, comme Saint François de Sales, un nouvel Ordre de Religieufes fous le nom *de Calvaire*, ayant le Pape pour Chef & trois Evêques de France pour Directeurs; mais malheureufement pour la fortune du Pére Jofeph, cette direction étoit tombée entre les mains de trois Evêques Janféniftes; or on fait que les Janféniftes ne font pas propres à faire valoir l'autorité du Pape, eux qui en ont été condamnés à la follicitation des Moliniftes. Madame de Coaquen Supérieure générale eft, dit-on, déclarée Janfenifte fort zélée pour leur parti; Mr. de Montpellier Janfenifte, qui eft mort, étoit un des trois Evêques.

Le

Le Roi a défendu à Mr. de Troye & à Mr. de Senez de nommer un troifiéme Directeur, & le Pape de fon côté vient d'envoyer une Bulle pour donner aux Evêques Diocéfains la direction de ces Couvens.

L'Archevêque de Paris a deftitué ou du moins interdit la Générale, & cette petite affaire fait beaucoup de bruit à Paris. Une Bulle exécutée dans le Royaume, fans Lettres Patentes vérifiées, déplait fort au Parlement, parce que cela reffemble à un droit de Jurifdiction du Pape, fans avoir égard à la puiffance du Roi, mais peut être que la Bulle porte la demande du Roi.

La Cour fait bien de vifer à expulfer la doctrine de Janfénius fur la liberté humaine; mais il ne faudroit que veiller fur les Profeffeurs & fur les Supérieurs de Communautés, à qui il faudroit donner des penfions fortes, & ne donner des Bénéfices qu'aux Moliniftes, & cette doctrine empoifonnée oppofée aux bonnes mœurs s'en iroit par infenfible tranfpiration fans faire de bruit, fans augmenter en France l'autorité du Pape & fans diminuer l'attention du Parlement aux entreprifes de la Cour

Ro-

Romaine qui tendent toutes à diminuer l'autorité du Roi.

Les Jéfuites en l'état qu'ils font feroient, ce me femble, plus fouhaitables & meilleurs Citoyens, s'ils avoient un Général François indépendant du Général Italien ; & les Bénédictíns & les Péres de l'Oratoire qui ont leur Général en France, feroient plus défirables & plus utiles en France que les Jéfuites, s'ils employoient leurs Religieux aux fonctions des Colléges, des Séminaires & des Hopitaux.

Tout ce qui tend à divifer l'autorité & à diminuer l'autorité Royale, porte les Citoyens à la divifion, aux partis & peu à peu aux guerres civiles, maladies très douloureufes & mortelles de toute Souveraineté & de toute Societé.

Obfervation.

En finiffant cette année, j'ai une remarque générale à faire fur les fautes & fur ce qui paroît de mauvais dans le caractère des Miniftres dont j'ai parlé fous le régne de Louis XIV. C'eft qu'on peut les excufer en partie fur leur défaut de lumiére foit dans la morale, foit dans la politique, & fur le défir de plaire à

leur

leur Maître, dont l'inclination favorite qu'il tênoit de sa mauvaise éducation, le portoit toujours bien plus à augmenter sa puissance, & à se faire craindre comme puissant, qu'à se faire estimer, aimer, & respecter comme très juste & très bienfaisant tant envers ses sujets qu'envers ses voisins.

On ne sauroit trop donner d'estime aux Princes pour la gloire d'être justes & bienfaisants, & trop de mépris pour toutes les glorioles des femmes & des enfants : voilà l'essentiel de l'éducation. Nous ne faisons encor que l'entrevoir dans l'enfance de la raison où nous sommes, & cette enfance de raison de nôtre siécle excuse les grandes & nombreuses fautes de Louis XIV. Il vivoit au milieu d'autres enfans aussi mal élevés que lui.

A N N É E 1739.

Juin.

Le Roi & le Ministére paroissent avoir pour but de détruire dans le Royaume l'opinion des Jansénistes & des Calvinistes contre la liberté, & cette vuë me paroît très raisonnable & de la bonne Police; parce que sans liberté les mau-

vaises

vaifes actions , quelque injuftes qu'elles foient ,
ne méritent point de punition , ni les bonnes ,
quelque bienfaifantes qu'elles foient , ne méritent point de récompenfe; ce qui détruit tout
bon gouvernement politique & tout le bon
effet que peut produire la Religion , tant pour
le bonheur de la vie préfente que pour le bonheur de la vie future.

Comme la Bulle *Unigenitus* tend particuliérement à foutenir la liberté , le feu Roi vouloit la faire recevoir ; & effectivement la plupart de nos Evêques la reçurent ; mais le bon
Cardinal de Noailles , Archevêque de Paris ,
gouverné par des Janfeniftes , après la mort
de Louis XIV. fit fi bien que l'Univerfité de
Paris en Corps appella de cette Bulle , & la Faculté de Théologie dont la Sorbonne fait partie de l'Univerfité.

Le Roi en donnant la liberté aux jeunes Ba-
cheliers de voter dans l'Univerfité , y a trouvé un plus grand nombre d'efprits perfuadés
de la liberté de l'homme , y a fait élire l'Abbé
de Ventadour , jeune Bachelier de vingt-deux
ans , pour Recteur , lequel ayant fait affembler
l'Univerfité , elle a déclaré , à la pluralité de
trois cent voix contre quatre-vingt-trois , qu'el-

<table><tr><td>*Ann. Polit.* II. part.</td><td>T t</td><td>le</td></tr></table>

le revoquoit l'appel qu'elle avoit interjetté de la Bulle *Unigenitus* au futur Concile général.

La vue du Roi de faire ceffer les difputes de Théologie & les partis dans un Etat, eft très raifonnable ; mais on n'en viendra jamais à bout qu'en réduifant la Religion au feul article de pratique de *charité bienfaifante envers tout le monde pour plaire à Dieu* ; ce qui d'un côté eft conforme à la révélation écrite en St. Matthieu , Chap. VII. verf. 12. *Car en cela confifte la Loi & les Prophètes* ; & de l'autre eft conforme à la raifon univerfelle , dont tout le monde convient & dont Dieu eft l'auteur, & par conféquent dont perfonne ne peut difconvenir ; les Payens anciens ont connu *abftine à malo & fac bonum*, dont perfonne ne peut difconvenir.

Il me femble qu'il devroit y avoir un Bureau pour avifer aux moyens les plus doux & les plus efficaces de conferver la tranquillité & la concorde entre les Théologiens , & qui fût mi-parti entre Confeillers d'Etat Eccléfiaftiques & féculiers , & que rien n'y paffat qu'aux trois quarts des voix pour la punition contre les tranf-

gref-

greffeurs du filence, & de la tolerance bienfaifante.

5. Juillet.

J'apprens que les Anglois qui fe plaignent
de ce que les Efpagnols ont enlevé mal à propos quelques - uns de leurs vaiffeaux en Amérique, fous prétexte qu'ils étoient contreban-
diers, veulent déclarer la guerre à l'Efpagne,
qui ne paye point les quatre-vingt-quinze mille
livres fterling qu'elle avoit promis il y a fix mois
pour dédommagement; Leur but feroit d'enlever
quelques bâtimens Efpagnols des Galions ou de
la Flotille d'Efpagne.

Mais il y a un grand inconvénient pour eux
dans cette déclaration de guerre & dans cet
enlévement de ces vaiffeaux Efpagnols ; c'eft
que la plus grande partie de leur charge eft
deftinée aux Marchands François qui ont fourni les marchandifes à l'Amérique, ce qui fuf-
firoit pour mettre la France du côté de l'Efpagne, & alors l'Angleterre ne pourroit foutenir
qu'une guerre ruineufe, & ils rifqueroient de
perdre dix fois plus que ces quatre-vingt-quinze
mille livres fterling, & la dépenfe de l'armement
naval de la France feroit peut-être en pure per-

T t 2

te

te pour elle, finon pour le tout, au moins pour une partie.

De là il fuit qu'il eft de l'intérèt de la France de déclarer à l'Efpagne que fi elle ne veut pas payer ces quatre-vingt-quinze mille livres fterling, elle fe joindra à l'Angleterre pour lui faire faire juftice.

De là il fuit que la France dans les guerres prêtes à fe déclarer entre fes voifins, doit en prendre connoiffance, & déclarer à l'injufte, que s'il ne veut pas rendre telle juftice, il fe joindra au Souverain qui a pour lui la juftice, & tenir ainfi l'Europe en paix malgré les Souverains ou impatients, ou ambitieux, ou injuftes.

De là il fuit qu'il faut à la France un Confeil d'habiles Négociateurs, pour y renvoyer l'examen des differens entre Souverain & Souverain, afin que le Roi ne hazarde point de fe déclarer pour celui qui a tort.

Et de là il fuit qu'il faut à Paris au moins deux Profeffeurs de Droit Public entre Nation & Nation, & des conferences fur ces matiéres pour former des Négociateurs habiles & de grande probité, pour les placer dans ce Confeil, qui feroit le plus important des Confeils

de

de l'Europe & de la Terre, puisqu'il seroit des-
tiné à y entretenir une paix solide entre toutes
les Nations & changer la voye pernicieuse de
la guerre en la voye bienheureuse de l'arbitrage
& des transactions.

6. Juillet 1739.

On parle du Cardinal de Tencin pour être
Premier Ministre après le Cardinal de Fleury.
Je crois le Cardinal de Tencin plus capable
d'affaires d'Etat, & le Cardinal de Fleury plus
habile à gouverner la Cour, qui est une des
plus difficiles affaires du Ministére. L'un a
cinquante - cinq ans, l'autre en a quatre-vingt-
six.

Le Cardinal de Tencin est fort craint par
le Parlement de Paris, & je croi, mal à propos ; c'est que je sai qu'il estime fort la ré-
ponse de Louis XII. *Il ne siéroit pas au Roi
de France de venger les injures qu'a reçues autrefois le Duc d'Orléans.* Ainsi il pardonna no-
blement à la Trimouille & aux autres Favoris
du Roi son Prédécesseur qui l'avoient chagriné.

26. Août 1739.

Les Anglois attendoient les quatre vaisseaux

Espagnols sur les côtes d'Espagne pour les enlever, pour se venger des vaisseaux Anglois pris en Amérique par les Espagnols. On vient d'apprendre qu'ils sont arrivés en Espagne à St. Andero chargés de quarante-trois millions en argent & marchandises, dont vingt-cinq millions pour les Marchands de France. Jusqu'à quand le Ministére Espagnol sera-t-il assez dépourvû de raison pour ne pas chercher dans l'établissement de la Diette Européane la sureté de ses vaisseaux & de ses conquêtes tant aux Indes qu'en Amérique ?

Lundi 31. Août 1739.

La fille ainée du Roi Madame Premiére fut mariée Mécredi à l'Infant Dom Philippe de France Espagne, troisiéme fils du Roi d'Espagne Philippe V. On l'appelle présentement non plus Madame Premiére, mais Madame Infante, pour la distinguer des deux Princesses ou Infantes d'Espagne. Ce fut Mr. le Duc d'Orléans qui l'épousa comme chargé de la procuration.

La Reine d'Espagne Elisabeth Farnèse, impatiente & colére, irritée mal à propos contre la Cour de France, avoit par passion fait une

gran-

grande fotife contre fes plus grands intérèts ,
contre les intérèts de fa Maifon & des deux
Nations de France & d'Efpagne , en préferant la
Princeffe de Saxe à Madame Premiére , pour fon
fils Dom Carlos Roi de Naples. Elle eft enfin revenue à fes intérèts & aux intérèts des deux Nations , en faifant ce mariage avec Madame l'Ainée.
On dit que fi elle a enfin facrifié fon reffentiment
à fes véritables intérèts , ce changement eft
dû à l'habileté & à la douceur du Comte de
la Marck notre Ambaffadeur en Efpagne.

Cette union des deux Nations & des deux
branches de la même Maifon , pourra bien être
fortifiée vers le 4. Septembre 1743. par le mariage de nôtre Dauphin fils unique du Roi
né en 1729. avec l'Infante Marie Théréfe née
en 1726. ou avec fa fœur Marie Antoinette née
en 1729.

Cette union pourra bien un jour opérer une
paix longue en Europe , fi cette Maifon fe rend
arbitre des differends des autres Souverains , en
fe déclarant contre celui qui refufera le jugement arbitral , & cette longue paix fera due
& à la négociation de Mr. de la Marck &
originairement à la négociation difficile & heureufe du feu Maréchal Duc d'Harcourt , qui

T t 4   ob-

obtint par le Cardinal Portocarrero le testament du feu Roi d'Espagne en 1700. en faveur
d'un cadet de la Maison de France à présent
Roi d'Espagne.

Il est vrai que ces deux branches unies pourroient ainsi rendre cette longue paix perpétuelle en Europe, si l'on pouvoit s'assurer & qu'elles ne se diviseroient jamais & qu'elles ne son-
geroient jamais à conquerir ; mais si cette paix
perpétuelle dont Henri IV. le plus estimable
de leurs Prédécesseurs est l'inventeur, est leur
seul objet, elles n'ont rien de mieux à faire
pour éviter pour jamais les malheureux effets
de l'ambition injuste & de la division entr'elles,
que de former le Traité fondamental de l'arbitrage Européan de ce grand Prince. Car a-
lors la force de beaucoup supérieure forceroit
cette Maison à suivre toujours la raison ; &
alors ses descendans exécuteront entiérement &
facilement & de concert avec tous les autres
Souverains, ce fameux & admirable projet qu'il
n'avoit fait qu'imaginer.

Novembre 1739.

Monsieur le Comte de la Marck a été fait
Grand d'Espagne. Je crois qu'il le mérite du
moins

moins autant que le Marquis de Brancas auffi Ambaffadeur en Efpagne, qui avoit été accufé, fans fondement, d'avoir ainfi vendu pour fa Grandeffe les intérèts de la Cour de France à la Reine d'Efpagne qui gouverne le Roi. Cela fait penfer qu'il n'eft pas de l'intérèt du Roi de donner les honneurs du Louvre aux Grands d'Efpagne, à moins d'une patente du Roi qui en donne la permiffion deux ans après l'Ambaffade, autrement ce feroit confier à un Efpagnol les intérèts de la France.

Le Roi donna le 19. Juillet 1739. une déclaration enrégiftrée au Parlement, par laquelle il renonce au droit d'aubeine fur les effets mobiliaires que les Anglois qui meurent en France y laiffent ; leurs Héritiers & leurs Légataires en feront mis d'orenavant en poffeffion & jouïront ainfi de la même liberté dont les François jouïffent en Angleterre. Le Roi y gagne d'attirer plus d'étrangers dans fon Royaume en leur laiffant plus de liberté ; fage déclaration à l'imitation des Hollandois. On ne fauroit rendre aux Etrangers fages autant de liberté & de fureté innocente qu'ils en ont chez eux, en ôtant à tous les jeunes foux toute

for-

forte de licence offenfante. C'eſt l'intérèt public qui a dicté cette déclaration.

Le 31ᵉ. Mars 1739. un intérèt particulier des Imprimeurs de Paris foutenus par les Jéfuites a dicté un arrèt du Confeil qui défend d'imprimer dans quarante-huit petites villes du Royaume, parce qu'on y donne les bons livres à la moitié meilleur marché qu'à Paris; or qu'y a-t-il de plus contraire au bien de la focieté que de diminuer le nombre des Lecteurs des bons Livres? Qu'y a-t-il de plus infenfé que de refufer des priviléges aux bons ouvrages, afin qu'ils fe multiplient dans les Provinces? On ne fauroit trop augmenter la liberté du commerce des bons Livres, & avoir trop d'attention à punir la licence des mauvais ouvrages; mais il feroit contre le bon fens de fe priver d'une infinité de copies de bons ouvrages, de peur du petit mal paffager que fait quelquefois un petit nombre de quelques mauvais libelles ou autres mauvais ouvrages; le grand bien emporte de beaucoup la balance contre un petit mal; arrèt du Confeil adopté par une Police mal entendue, dicté fourdement par l'intérèt particulier des Libraires de Paris.

No-

Novembre 1739.

J'ai vû auffi il y a deux ans un arrèt du Confeil d'une Police mal entenduë dicté par l'intérèt particulier de quelques Propriétaires de bons vignobles & des Secretaires de quelques Intendans, qui vouloient obliger tous ceux qui veulent mettre des terres en vigne d'en obtenir la permiffion de l'Intendant, comme s'il étoit vraifemblable que chacun ne fût pas plus éclairé que les autres fur ce que fon héritage peut lui ètre plus utile mis en froment ou en lin, mis en vigne, ou en avoine ; mais il eft vrai que ces fautes de Police ne font qu'un mal paffager, & ces fortes de défenfes, qui vont à diminuer une liberté utile au Public, s'aboliffent d'elles-mèmes peu à peu par le non ufage. J'ai parlé ailleurs de cet arrèt.

J'ai fait cette année une comparaifon entre le mérite de Roi de Henri IV. & le mérite de Roi de Louis XIV. fon petit-fils, afin d'inftruire de leurs devoirs les Souverains qui font affez fages pour défirer d'en ètre inftruits. La voici : elle finira peut-ètre ce journal de l'année 1739.

Comparaiſon entre Henri IV. & Louis XIV.

J'ai relu depuis peu l'hiſtoire de Henri IV. par Péréfixe, & celle de Louis XIV. ſon petit-fils par Limiers, & beaucoup de divers éloges hiſtoriques de divers Auteurs qui donnent à l'un le ſurnom de Grand entre les Henris, & à l'autre le mème ſurnom de Grand entre nos Rois qui ont porté le nom de Louis.

Après cette lecture, il m'a paru utile, ſoit pour les Rois leurs Succeſſeurs, ſoit pour leurs ſujets, ſoit pour leurs voiſins, d'examiner lequel des deux a eu plus de talens & plus de vertus, lequel a mieux mérité par conſéquent le titre & le ſurnom de *Grand Roi*, & par-conſéquent lequel a mérité le mieux le bonheur de la premiére & de la ſeconde vie.

Principes de déciſion.

Quand on veut comparer le mérite de deux Souverains, il ne s'agit pas de comparer leur mérite d'homme particulier, mais ſeulement leur mérite de Souverain, le mérite de leur Gouvernement; & je ne compare ici que cette ſorte de mérite.

Il ne s'agit pas mème de compárer la grandeur

deur de leur puiſſance ; il ne s'agit proprement que de comparer le bon ou le mauvais uſage qu'ils ont fait de la puiſſance qu'ils ont eue, & par conſéquent de ſavoir par leurs entrepriſes & par leurs actions à quel degré ils ont été juſtes & bienfaiſans, tant envers leurs ſujets qu'envers leurs voiſins, & quelle étoit l'étendue & la grandeur des talens qu'ils avoient tous deux pour rendre leur gouvernement plus heureux.

Néron étoit un Souverain quinze fois plus puiſſant qu'Henri IV. Cependant Néron loin d'être auſſi grand Roi, auſſi eſtimable qu'Henri IV. n'a été qu'un grand fou & qu'un ſcélérat exécrable, mis par la Providence dans une grande place pour punir des ingrats ; au lieu qu'Henri IV. avec beaucoup moins de puiſſance a été un Roi très eſtimable, un Roi très déſirable, un très grand Roi, deſtiné par la Providence à procurer à ſes ſujets & aux autres Nations de grands bienfaits.

Il eſt vrai que Louis XIV. a été un cinquiéme plus puiſſant que ſon Biſayeul ; mais ſi Henri IV. a fait un beaucoup meilleur uſage de ſa puiſſance, s'il a mieux obſervé la juſtice & pratiqué la bienfaiſance, tant envers ſes ſu-

jets

jets qu'envers ſes voiſins, & ſi ſes talens pour le Gouvernement heureux étoient effectivement beaucoup plus grands, il doit être regardé comme Roi beaucoup plus eſtimable, comme Roi beaucoup plus déſirable, comme un plus grand Roi que Louis XIV.

Car enfin les hommes ne ſont grands qu'à proportion qu'ils ſont eſtimables, & ils ne ſont eſtimables, ne ſont déſirables pour Souverains, qu'à meſure qu'ils ſavent mieux uſer de leur puiſſance pour rendre les autres moins malheureux par l'obſervation de la juſtice, & plus heureux par les bienfaits qu'ils leur procurent.

Or voyons 1°. lequel des deux Rois a été le plus juſte tant envers ſes ſujets qu'envers ſes voiſins : 2°. lequel a été le plus bienfaiſant envers les uns & les autres : 3°. lequel a eu de plus grands talens & des vués plus importantes & plus étendues pour le Gouvernement le plus heureux de ſes ſujets & des autres nations.

Juſtice.

Rien n'eſt plus juſte que les ſujets payent au Roi les ſubſides qui lui ſont néceſſaires pour entretenir & recompenſer les ſoldats, les matelots, les Officiers de guerre de terre & de mer ;

qui

qui fervent à garantir l'Etat des invafions des
ennemis du dehors & à contenir les féditieux
du dedans. Il eft jufte de même qu'ils payent
les fubfides néceffaires pour entretenir avec
fplendeur & commodité la maifon du Roi, fes
Miniftres, les Officiers de fes Confeils, les
Officiers de Magiftrature, qui fervent à faire
rendre juftice aux particuliers & au public, en
les garantiffant des malheureux effets de la fupériorité de force & de violence dans la police
des Villes & des chemins; le Roi bienfaifant
doit même faire faire des édifices publics,
lorfqu'ils doivent rapporter au Public un profit annuel plus grand que celui qu'ils tireroient
de leurs dépenfes particuliéres, tels que le profit que les fujets tirent des ports, des pavés, des canaux, des ponts, fecours pour
établir des Compagnies de Commerce & pour
donner des vaiffeaux de convoi aux Marchands
&c.

Ainfi fes fujets ne lui doivent proprement
que des fubfides *juftes*, c'eft-à-dire utiles pour
augmenter leur bonheur. Car leur demander
des fubfides pour les employer à des bâtimens
ou trop magnifiques ou inutiles, ou à des pro-
fufions de pure fantaifie à l'égard des perfonnes

nes qui ne servent de rien au bonheur des autres sujets, ce n'eſt pas les traiter avec juſtice, c'eſt leur faire injuſtice.

Le Roi peut aiſément connoître s'il fait injuſtice à ſes ſujets par telles ou telles impoſi-
tions. Il n'a qu'à ſe demander à lui‑même s'il
trouveroit les mêmes ſubſides utiles pour lui, &
s'ils lui feroient plaiſir à payer, s'il étoit lui‑
même un des ſujets impoſables.

Car enfin n'eſt‑il pas juſte ſelon la régle de
l'équité naturelle, *qu'il ne traite pas plus mal
ſes ſujets qu'il ne voudroit être traité par un Roi
s'il étoit ſon ſujet. Ne faites pas contre un autre
ce que vous ne voudriez pas qu'il fît contre vous;*
n'eſt‑ce pas une loi contenue dans celle‑ci, qui
eſt une loi de nature auſſi‑bien que loi de révélation, *Matthieu chap. VII. verſ.* 12. *Faites
donc pour les autres tout ce que vous voudriez
qu'ils fiſſent pour vous.*

Première injuſtice.

Or perſonne n'ignore qu'à la mort d'Henri IV. les ſubſides annuels du Royaume ne
montoient pas à la ſixiéme partie des ſubſides
où ils montoient à la mort de Louis XIV. &
qu'Henri IV. n'a pas dépenſé en bâtiments ma-
gni-

gnifiques la sixiéme partie de ce qu'y a dépensé Louis XIV.

Seconde injustice.

La Révocation de l'Edit de Nantes est une grande imprudence, & en mème tems une injustice évidente très opposée au caractére doux & bienfaisant d'Henri IV.

Imprudence en ce qu'il faut laisser aux maladies populaires de l'esprit humain le tems de s'en guérir peu à peu, & ne jamais rien aigrir par l'impatience, par la violence & par la persécution.

Louis XIV. a donc fait, par trop d'empressement d'uniformité d'opinions une grande perte en fortifiant ses ennemis de douze ou quinze cent mille de ses sujets dont il se privoit; la plupart ou bons commerçants riches, ou bons Officiers, ou bons matelots, ou bons soldats, ou bons écrivains, qu'il rendoit propres par la persécution à gâter son nom en Europe.

Injustice en ce que ses sujets errans étant fort soumis, ils étoient maltraités comme rebelles, & en ce que le Roi faisoit visiblement contr'eux ce qu'il n'auroit pas voulu qu'un

Roi prévenu eût fait contre lui en pareilles circonſtances.

Troiſiéme injuſtice.

C'eſt une injuſtice à l'égard des particuliers
& à l'égard du bien public de ne pas donner
les Charges publiques, les Emplois publics aux
ſujets qui ont le plus de mérite national à l'é-
gard du Public. Or ces deux Princes ont été
injuſtes en établiſſant & en ſoutenant la méthode de la vénalité des Charges : mais Henri
IV. a fait de ce côté la moitié moins que
Louis XIV. qui a augmenté de plus de moitié cette vénalité, & qui a rendu ces Charges la moitié plus difficiles à rembourſer par
les augmentations de gages.

Quatriéme injuſtice.

Les Rois doivent la juſtice à leurs voiſins,
comme leurs voiſins la leur doivent ; or aucun
des Souverains voiſins d'Henri IV. n'a eu à
lui reprocher aucune injuſtice, aucun manque-
ment de promeſſe, & il n'auroit jamais fait la
guerre offenſive de 1667. aux Eſpagnols contre ſa promeſſe & ſa renonciation, ni l'autre
guerre offenſive de 1672. contre les Hollandois

dois qui offroient réparation des difcours injurieux; & cependant ce furent les deux premiéres guerres fi évidemment injuftes & im-
prudentes, qui lui attirérent les deux derniéres
guerres qui ont été fi ruineufes pour lui &
pour fes fujets; car fes voifins n'auroient jamais voulu ni ofé, fans la haine qu'il s'étoit at-
tirée par fes deux premiéres injuftices, fe liguer
pour ruiner un Roi puiffant, jufte & bon voifin.

Ainfi que l'on compare les fujets de plainte
des voifins de Louis XIV. avec les fujets de
plainte qu'ont eu les voifins d'Henri IV. & l'on
en trouvera dix fois plus du côté de Louis
XIV. que du côté d'Henri IV. fon ayeul.

Bienfaifance.

Il eft vrai que Louis XIV. a procuré beaucoup plus de bienfaits à fes fujets par fes bons
réglements & par fes bons établiffements qu'Henri IV; mais ç'a été durant un régne trois fois
plus long que celui d'Henri IV. D'un autre
côté les bienfaits & les conquêtes de Louis
XIV. ne valent pas au Royaume la moitié de
la grande augmentation qu'il a faite aux fubfides néceffaires pour payer les grandes rentes
& les grandes augmentations de gages qu'il a

V v 2

créées;

créées; ainfi du côté de la bienfaifance envers fes fujets Louis XIV. eft en effet moins bienfaifant qu'Henri IV. qui a laiffé les fubfides des fujets incomparablement moins oñereux qu'ils n'étoient à la mort de Louis XIV.

Talens pour le bon Gouvernement.

Il eft vifible que de deux Rois celui qui eft le plus eftimable & le plus défirable pour gouverner, c'eft celui qui a des talens & des vuës de Gouvernement incomparablement plus utiles & plus propres pour diminuer les malheurs de fes fujets, pour augmenter leurs richeffes & leurs autres biens, & pour procurer le bien des autres Souverains fans diminuer le fien.

Or quiconque examinera le merveilleux projet de la Diéte Européane ou de l'Arbitrage Européan, qu'Henri IV. avec fon grand génie avoit imaginé & commencé à propofer, & combien il eft facile de faire un pareil Traité, puifqu'il feroit évidemment & infiniment avantageux à toutes les Parties contractantés, verra aifément que Louis XIV. n'a jamais rien imaginé de fi avantageux ni pour fes fujets, ni pour fes voifins, & qu'ainfi de ce côté-là Louis XIV.

XIV. étoit bien moins grand génie & avoit beaucoup moins de talens, foit pour gouverner heureufement un grand Etat & pour l'affurer pour toujours à fa poftérité, foit pour vivre toujours tranquillement & fans guerre avec fes voifins qu'Henri IV. , & que le petit-fils étoit par conféquent bien moins grand génie, bien moins défirable pour fes fujets & pour fes voifins, que fon ayeul.

Par cet arbitrage permanent, comme dit Péréfixe l'Hiftorien d'Henri IV. tous les Etats d'Europe euffent été garantis de tous les malheurs de toute guerre civile & étrangère, les Souverains & leur poftérité euffent toujours eu fureté entiére d'ètre confervés dans toutes leurs poffeffions fans aucune inquiétude, & le Commerce des Européans n'auroit jamais été ni interrompu, ni inquietté entre toutes les Nations Commerçantes ; & d'ailleurs combien les Loix pour augmenter le bonheur de l'intérieur des Etats n'auroient-elles pas acquis de perfection durant une tranquillité inaltérable ?

De ces confidérations il réfulte que quelque grand Roi qu'ait été Louis XIV. ce ne fera pas lui faire injuftice, ce fera au contraire

ren-

rendre justice à Henri IV. son ayeul, que de le regarder comme encore plus grand Roi que son petit-fils, parce qu'il a été & plus juste & plus bienfaisant, soit envers ses sujets, soit envers ses voisins, & parce qu'il avoit de beaucoup plus grandes lumiéres & de plus grands talens pour procurer le bonheur de ses sujets & des autres Nations de la Terre. Qu'on ne me demande point lequel me paroît avoir mieux mérité la récompense éternelle de la seconde vie, je ne pourrois répondre autre chose que c'est celui qui a le mieux observé le précepte en quoi consiste la Loi & les Prophètes.

Et nunc Reges intelligite, erudimini qui judicatis terram.

PARADIS AUX BIENFAISANS.

F I N.